VIELEN DANK AN:

- Søren, meinen Mann, den optimistischsten und tatkräftigsten Menschen, den ich kenne. Vielen Dank für deine Hilfe und Unterstützung.

- Meine fantastische Redakteurin, Charlotte Juulsgaard Breum, die mir viel Freiheit gelassen hat, sich aber auch im richtigen Moment eingemischt hat. Deine ständigen neuen Ideen und Einmischungen können recht irritierend sein, was mich aber am meisten irritiert, ist, dass du in der Regel recht hast und das Ergebnis dadurch noch besser wird. Vielen Dank dafür.

- Columbus Leth für kreative Tage innerhalb und außerhalb des Fotostudios, für wunderschöne Bilder und für dein Paparazzo-Talent, das herrliche, entspannte Stimmungsbilder von mir und meiner Familie hervorgebracht hat.

- Kroyer Grafik dafür, dass ihr wieder einmal meinem Buch eine so schöne und einladende Grafik verliehen habt. Und dafür, dass ihr immer rechtzeitig geliefert habt, auch wenn die Termine manchmal sehr eng waren. Vielen, vielen Dank.

- Maria Engbjerg, meine tüchtige Assistentin, deren Hilfe weit über das Kochen und Styling für die Fototermine hinausging. Vielen Dank für den Einkauf im Regen, für das Sparring, für deine guten Ratschläge und dafür, dass du meine Gerichte in die fantastischsten Farborgien verwandelt hast. Mehr von Marias Arbeiten finden Sie in ihrem Blog Vanløse Blues.

- Meine wunderbaren Kinder, Silas und Vega, die anfangs ein bisschen schüchtern waren, als Columbus mit seiner Kamera kam, die sich dann aber schnell zu zwei richtigen kleinen Models entwickelt haben. Danke, dass ihr so fantastisch seid und dass ihr beim Probieren aller Gerichte geholfen und mich immer wieder in die Küche zurückgeschickt habt, wenn etwas nicht gut genug war.

- Rikke, Helene, Jens und Marianne, die wunderbaren Lehrer meiner Kinder, für euer Verständnis, wenn Silas und Vega während der Schulzeit zu Fotoshootings unterwegs waren. Ich schulde euch ein Buch (und Kuchen).

Jane Faerber

Low Carb High Fat

DAS KOCHBUCH

Fit, gesund & schlank durchs ganze Jahr

INHALT

Bei jedem Rezept ist vermerkt, für wie viele Personen das Gericht gedacht ist. Das stellt natürlich nur eine Richtlinie dar. Passen Sie die Portionsgrößen Ihrem Appetit an und bereiten Sie eventuell etwas mehr zu, wenn Sie die Reste für das Mittagessen am nächsten Tag verwenden wollen. Sie sollen natürlich nicht zu viel essen, aber auch nicht hungrig vom Tisch aufstehen.

EIN NEUES JAHR – EIN NEUER ANFANG
Vorwort von Jane Faerber 8

LCHF KURZ ERKLÄRT
LCHF kurz erklärt 10
Was ist LCHF? 10
Was isst man bei LCHF? 10
Verabschieden Sie sich von … 10
Die LCHF-Lebensmittelpyramide 11

ABER WARUM SO VIEL FETT?
Aber warum so viel Fett? 10
Was kann ich mit LCHF erreichen? 12

WIE NEHME ICH MIT LCHF AB?
Wie nehme ich mit LCHF ab? 12
Striktes LCHF 13
Wie viele Kohlenhydrate? 13

WAS SOLL ICH AN EINEM TAG ESSEN?
Was soll ich an einem Tag essen? 14
Frühstück, Mittagessen, Abendessen 14

MEHR FLÜSSIGKEIT – MEHR SALZ – MEHR FETT
Flüssigkeit, Salz, Fett 15

MUSS ICH SPORT TREIBEN?
Muss ich Sport treiben? 14
Der Fluch der Waage 17
Den Erfolgreichen nacheifern 18

STEHT DAS GEWICHT STILL?
Steht das Gewicht still? 18
Sie haben Angst vor der Waage? 19

Sie essen zu viele Leckereien 19
Sie essen zu viele Snacks 19
Sie essen zu viele Milchprodukte –
    oder gar keine 19
Sie brauchen einfach nicht abzunehmen 19

JANUAR, FEBRUAR

JAHRESBEGINN
Jahresbeginn 22

DIÄT ODER LEBENSWEISE?
Diät oder Lebensweise? 22

KRITERIEN FÜR EINE LEBENSWEISE
Kriterien für eine Lebensweise 23
Ich will mich satt essen 23
Ich will gutes Essen haben 23
Ich will keine Bauchschmerzen haben 23
Ich will mein Gewicht halten, ohne
    Sport treiben zu müssen 23
Ich will mich frei fühlen 23

MEINE VARIANTE
Meine Variante 24
Austauschliste 24

VERBOTENES ESSEN? HIER NICHT!
Verbotenes Essen? Hier nicht! 25
Bedeutet das, dass ich große Mengen
    Zucker und all das gute Fett
    essen kann? 26
Üben Sie sich im Loslassen 26

ENTSCHEIDUNG FÜR UND GEGEN ETWAS
Entscheidung für und gegen etwas 26

FREI VON SCHULD, ABER NICHT VON VERANTWORTUNG!
Frei von Schuld, aber nicht
    von Verantwortung! 27

ZEHN FAKTEN ÜBER DAS ABNEHMEN
Zehn Fakten über das Abnehmen 29

REZEPTE: JANUAR, FEBRUAR
Rezepte: Januar, Februar 30

MÄRZ, APRIL, MAI

GEMÜTLICHKEIT IST GLEICH BROT
Gemütlichkeit ist gleich Brot 62

STRATEGIEN
Strategien 62
Seien Sie deutlich 63
Sagen Sie Nein 63
Überlegen Sie, aus Höflichkeit zu essen 63
Nehmen Sie ein wenig von allem 63
Laden Sie Gäste ein oder kochen Sie mit 63
Essen Sie sich zu Hause satt 64
Mentales Training 64

ICH KONNTE MICH AM KAFFEETISCH NICHT BREMSEN – WAS NUN?
Ich konnte mich am Kaffeetisch
    nicht bremsen – was nun? 64

REZEPTE: MÄRZ, APRIL, MAI
Rezepte: März, April, Mai 66

JUNI, JULI, AUGUST

SOMMERGERICHTE UND -GETRÄNKE
Sommergerichte und -getränke 104

ALKOHOL UND LCHF
Alkohol und LCHF 104

SOMMERURLAUB – OH NEIN!
Sommerurlaub – oh nein! 105

TIPPS FÜR DEN URLAUB
Keep it simple! 105
Fett! 105
Verpflegung für die Reise 105
Die Ambitionen senken 106
Die Gewohnheiten in den Griff
    bekommen 106

REZEPTE: JUNI, JULI, AUGUST
Rezepte: Juni, Juli, August 108

SEPTEMBER, OKTOBER, NOVEMBER

KINDER, ESSEN UND LCHF
Kinder, Essen und LCHF 170

WAS ESSEN IHRE KINDER?
Was essen Ihre Kinder? 170
Lower Carb – Higher Fat 170
Ausgeglichene Kinder 171

KINDER UND ZUCKER
Kinder und Zucker 171
Was sagen die Kinder selbst? 172

KINDERGEBURTSTAG
Kindergeburtstag 172

REZEPTE: SEPTEMBER, OKTOBER, NOVEMBER
Rezepte: September, Oktober,
November 174

DEZEMBER

WEIHNACHTEN UND TRADITIONEN MIT LCHF
Weihnachten und Traditionen
    mit LCHF 226

DIE WEIHNACHTZEIT GUT ÜBERSTEHEN
Die Weihnachtszeit gut überstehen 226
Entwickeln Sie eine realistische
    Strategie 226
Wählen Sie Ihre Ausnahmen gut 227
Halten Sie an Ihrer Alltagsernährung
    fest 227
Ziehen Sie Ihre Wanderschuhe an 227
Genießen Sie endlich! 227

REZEPTE: DEZEMBER
Rezepte: Dezember 228

SPEZIELLE ZUTATEN IN DER LCHF-KÜCHE 262

Themenregister 264
Rezeptregister 265
Rezepte nach Saison 268

EIN NEUES JAHR – EIN NEUER ANFANG

Haben Sie im Dezember die Zügel etwas schleifen lassen und beschlossen, dass jetzt alles anders werden muss? Und nun heißt es »null Zucker« oder »keine Abweichungen mehr«? Sind Sie der Meinung, dass es jetzt endlich klappen muss?

Was halten Sie davon, in diesem Jahr mal etwas Neues auszuprobieren? Wie wäre es, wenn Sie sich von allen restriktiven Diäten mit strengen Regeln und langen Listen verbotener Lebensmittel verabschieden würden? Vielleicht erschreckt Sie ja dieser Gedanke, und Sie fürchten, dass Ihr Gewicht unkontrolliert in die Höhe schießt, wenn Sie die Zügel etwas lockern. Damit sind Sie nicht allein.

Die Idee, ohne Diät abzunehmen, ist für viele eine Überraschung. Aber was wäre, wenn sich bei Ihrem Gewicht tatsächlich erst dann etwas ändern würde, wenn Sie alle Diätversuche aufgeben?

Wenn Sie Kalorien, Kohlenhydrate oder Fettgramme zählen oder eine bestimmte Makronährstoffverteilung anstreben, haben Sie Ihre Ernährung an einen Teil Ihres Gehirns delegiert, der einfach nicht dafür geschaffen ist, Dinge wie Appetit, Hunger und Sättigung zu regulieren. Dann sind Sie meiner Ansicht nach auf Diät. Eine Diät ist etwas Zeitweiliges, etwas, womit man nach einiger Zeit wieder aufhört. Das ist das eigentlich Paradoxe an Diäten und der Grund dafür, dass sie nicht funktionieren. Weil man wieder damit aufhört.

Sie wissen das auch, denn Sie hören es immer wieder: Um eine langfristige Gewichtsabnahme zu erreichen, muss man seine Lebensweise ändern. Wenn Sie zu denjenigen gehören, die diese Art von Texten gewöhnlich überspringen und direkt zum Kapitel mit der Liste der verbotenen und erlaubten Lebensmittel gehen, schlage ich vor, dass Sie diesmal eine Ausnahme machen und hier weiterlesen. Was haben Sie zu verlieren? Diäten haben Sie ausprobiert, und wenn sie funktioniert hätten, d. h. Ihr Gewichtsproblem ein für alle Mal gelöst wäre, dann würden Sie ja dieses Buch nicht lesen.

ES MUSS FÜR SIE FUNKTIONIEREN

Seine Ernährung und sein Leben einem von außen diktierten Ernährungskonzept anzupassen, ist meiner Meinung nach unmöglich. Das Gute an LCHF (Low Carb High Fat) ist, dass es einen Rahmen bietet, der breit und flexibel ist. Und das ist gut so, denn die Idee »One size fits all« ist im Zusammenhang mit Gesundheit etwas unsinnig. Ob etwas »richtig« oder »falsch« oder »erlaubt« oder »verboten« ist, ist nicht wirklich die Frage.

Das Einzige, was wirklich von Bedeutung ist, ist, ob es FÜR SIE richtig oder falsch ist.

Nehmen wir an, Sie essen ein sehr striktes LCHF, weil Sie gerne abnehmen möchten, aber das Essen langweilt Sie. Sie sehnen sich nach leichteren Mahlzeiten und überlegen schon, das Ganze einfach bleiben zu lassen. Dann kann eine liberalere Variante für Sie geeigneter sein, denn dann haben Sie nicht das typische Diätgefühl, und es fällt Ihnen leichter, Ihre Ernährung langfristig umzustellen.

Es kann auch sein, dass Sie sich nach der liberalen LCHF-Variante ernähren, aber andauernd Heißhunger auf Süßes haben und einen ständigen inneren Dialog führen: Soll ich, soll ich nicht? In dem Fall könnte es Ihnen vielleicht helfen, eine Zeit lang strikter zu essen.

Vielleicht sind Sie vor allem begeistert von dem Gedanken an all die leckeren Desserts und Brote, die Sie mit LCHF zubereiten können. In dem Fall sollten wir uns vielleicht wieder sprechen, wenn sich diese Faszination gelegt hat und Sie Lust darauf haben, richtiges Essen zu probieren.

SIE ALLEIN BESTIMMEN!

Aber unabhängig davon, ob Sie die LCHF-Kost ausprobieren oder Ihre Ernährung umstellen wollen, hoffe ich, dass Sie in diesem Buch die Inspiration finden, an Ihren neuen Gewohnheiten festzuhalten. Mit diesem Buch möchte ich Ihnen nämlich zeigen, wie einfach es ist, das ganze Jahr über LCHF zu essen. Ganz ohne Hokuspokus. Nur mit einer Menge passender Gerichte.

Jane Faerber

LCHF KURZ ERKLÄRT

WAS IST LCHF?

LCHF ist die Abkürzung für Low Carb High Fat und ein Begriff für eine Ernährung mit wenigen Kohlenhydraten, mäßigen Mengen Eiweiß und einem größeren Anteil natürlicher Fette. Gleichzeitig wird der Konsum von Zusatzstoffen, Farbstoffen, künstlichen Fetten und anderen chemischen Zutaten begrenzt.

WAS ISST MAN BEI LCHF?

Die Prinzipien sind einfach. Bei LCHF essen wir uns satt an:

- großen Mengen Gemüse, vor allem solchen, die über der Erde wachsen.

- Fleisch, Geflügel, Fisch und Ei. Essen Sie auch fette Fleischstücke, den Fettrand vom Fleisch und auch die Haut vom Hähnchen. Wählen Sie, wenn möglich, Fleisch von Weidetieren oder Biofleisch, vor allem aus Gründen des Tierschutzes und einer besseren Fettsäurezusammensetzung im Fleisch.

- fetten Milchprodukten wie Schlagsahne, fetten Käsesorten, Crème fraîche (38 % Fett), griechischem Joghurt (10 % Fett). Wenn Sie sich nicht sicher sind, ob ein Milchprodukt für LCHF geeignet ist, halten Sie sich an die Faustregel, dass der Fettgehalt höher sein sollte als der Proteingehalt und am besten höher als der Protein- und Kohlenhydratgehalt zusammmen.

- natürlichen Fetten wie gute Biobutter, gutem Olivenöl, Kokosöl (im Glas aus dem Reformhaus, kein Palmin aus dem Supermarkt), Avocadoöl, Leinöl oder Nussöl.

- geringen Mengen Nüssen und Beeren.

Isst man kein striktes LCHF, lässt sich auch etwas Wurzelgemüse und Obst hinzufügen.

VERABSCHIEDEN SIE SICH VON

- Getreideprodukten (Brot, Reis, Nudeln, Haferflocken, Frühstückscerealien); auch glutenfreie Varianten.

- Zucker (Süßigkeiten, Limonaden, Kuchen usw.).

- Bier (flüssiges Brot!)

- Fetten von schlechter Qualität wie Margarine, Transfette, Öle mit hohem Gehalt an Omega-6-Fettsäuren. Diese Öle sollten Sie vermeiden: Sonnenblumenöl, Sojaöl, Maisöl, Distelöl und Traubenkernöl.

- Zusatzstoffen, künstlichen Süßstoffen und Light-Produkten mit einem Zutatenverzeichnis voller Wörter, die sich nicht aussprechen lassen.

ABER WARUM SO VIEL FETT?

Bei LCHF erhalten wir unsere Energie, unsere Sättigung und letzten Endes auch unseren Gewichtsverlust aus dem Fett. LCHF ist eine Hochfettkost und keine Hocheiweißkost. Dieser Punkt ist für die meisten Einsteiger der schwierigste. Es ist einfach leichter, ein Stück Fleisch mehr zu nehmen, als noch etwas Kräuterbutter oder einen weiteren Löffel Sauce zum Fleisch. Das ist jedoch kontraproduktiv.

Bei einer Ernährung mit wenig Kohlenhydraten, mäßigen Mengen Eiweiß und viel Fett stellt der Körper seine Verbrennung auf ein fein ab-

DIE LCHF-LEBENSMITTELPYRAMIDE

Bei der LCHF-Ernährung wird die allgemein bekannte Lebensmittelpyramide mit Fleisch und Fett an der Spitze in vielerlei Hinsicht auf den Kopf gestellt. Stattdessen isst man sich satt, gesund und schlank mit hochwertigem Eiweiß, großen Mengen Gemüse, natürlichem Fett aus Fleisch, Butter, Öl und fetten Milchprodukten, ergänzt durch etwas Nüsse und Beeren.

gestimmtes und gut funktionierendes System um, bei dem er Fett zur Energiegewinnung verbrennt – sowohl Fett aus der Nahrung, als auch Fett aus dem Körper. Das bedeutet, dass Sie mit LCHF Fett verbrennen, während Sie abends auf dem Sofa liegen. Und das funktioniert!

Wäre es dann nicht klüger, weniger Fett zu essen, sodass der Körper gezwungen wäre, mehr aus seinen Fettdepots und weniger aus der Nahrung zu nehmen? Das ist eine sehr gute Frage, und ich kann auch die Logik dahinter nachvollziehen. Die Antwort ist allerdings: Wenn Sie Low Carb und Low Fat essen, müssen Sie viel Eiweiß verzehren. Man kann nicht von allem »low« essen. Das würde bedeuten, dass Ihr Körper einen Teil des überschüssigen Eiweißes in Glukose (Blutzucker) umwandeln würde, was wiederum die Fettverbrennung behindert. Auf diese Weise erleben Sie kaum die großen Vorteile einer lang anhaltenden Sättigung, Appetitzügelung und einer stabilen, fast endlosen Energie. Höchstwahrscheinlich würden Sie sich bei einer Low-Carb-Low-Fat-Ernährung hungrig, müde und schwach fühlen, was in meinen Augen ein schlechter Ausgangspunkt für eine dauerhafte Gewichtsabnahme ist.

WAS KANN ICH MIT LCHF ERREICHEN?

- Gewichtsabnahme ohne Hunger
- Bessere Appetitregulierung
- Stabilere Energie
- Weniger Heißhunger auf Süßes
- Weniger Verdauungsprobleme
- Besserer Schlaf
- Geringere Anfälligkeit für verschiedene Zivilisationskrankheiten

WIE NEHME ICH MIT LCHF AB?

LCHF ist eine hormonelle Abnehmmethode. Durch das Essen von wenigen Kohlenhydraten und viel Fett reguliert der Körper die Enzyme und Hormone, die ihm bei der Verbrennung von Fett helfen. Deshalb werden bei LCHF auch keine Kalorien gezählt. Sie können essen, bis Sie satt sind – oder besser gesagt, bis Sie nicht mehr hungrig sind. Wenn Ihnen das Essen nicht mehr schmeckt oder sich ein Gefühl der Ruhe im Körper einfindet, legen Sie Messer und Gabel beiseite.

Dass wir ohne Kalorienkontrolle arbeiten, bedeutet nicht, dass Kalorien unwichtig sind. Aber der Verzehr von viel Fett verwandelt Ihren Körper nicht nur in eine Fettverbrennungsmaschine, sondern wird Sie auch länger satt und zufrieden halten, sodass Sie nicht so häufig essen müssen wie bei einer fettarmen, kohlenhydratreichen Ernährung. Damit nehmen Sie letztendlich weniger Kalorien zu sich, ohne dass Sie zählen, messen oder wiegen müssen.

Wenn Sie bezüglich der Nahrungsmengen und des Energiegehalts unsicher sind, können Sie einige Stichprobenkontrollen vornehmen und Ihren Tagesverbrauch ausrechnen. Dabei erfahren Sie nicht nur etwas über den Kaloriengehalt Ihrer Kost, sondern auch, ob Sie ausreichend wenige Kohlenhydrate und genügend Fett essen. Belassen Sie es aber bei den Stichproben und widerstehen Sie der Versuchung, ständig Ihre Kalorien, Kohlenhydrate oder Fettgramme zu zählen!

Denn wenn Sie Ihre Ernährung auf einem von außen diktierten Plan oder auf Kalorientabellen aufbauen, verlieren Sie das Gefühl dafür, wann Sie hungrig bzw. satt sind, was auf lange Sicht sicherlich nicht das ist, was Sie wirklich wollen.

STRIKTES LCHF

Wenn wir über Gewichtsabnahme und LCHF sprechen, dann lautet der häufigste Rat, die Kohlenhydratmenge zu senken und den Fettgehalt zu erhöhen, also »striktes LCHF« zu essen. Und das ist wirklich effektiv! Wenn Sie wenige Kohlenhydrate (z. B. nur die aus über der Erde wachsendem Gemüse), mäßige Eiweißmengen und reichlich Fett essen, kommt Ihr Körper in einen Zustand, der als Ketose bezeichnet wird. Ketose ist ein Ausdruck dafür, dass der Körper Fett zur Energiegewinnung nutzt, was für eine Gewichtsabnahme sehr effektiv ist. Der Körper verbrennt dabei (neben dem Fett aus der Nahrung) ganz einfach seine eigenen Fettdepots, was sich nach und nach dann auch im Gewicht und im Körperumfang widerspiegelt.

Die im Zustand der Ketose gebildeten Ketonkörper wirken als natürliche Appetitzügler. Manche erleben dabei, dass ihr Appetit verschwindet und sie plötzlich viele Stunden lang nicht einmal an Essen denken oder vielleicht sogar auch einmal eine Mahlzeit überspringen, weil sie nicht hungrig sind. An dieser Stelle sollte man vielleicht kurz darüber nachdenken, wie viele Millionen Euro die Pharmabranche in die Entwicklung von Schlankheitspillen investiert, die genau dasselbe leisten wie natürliches Essen …

Das eine ist jedoch die Theorie, das andere die Praxis. Auch wenn striktes LCHF unglaublich effektiv für eine Gewichtsabnahme ist, wird diese Ernährungsform oft als ausgesprochen restriktiv empfunden. Und wenn sie nicht richtig im Kopf verankert ist, besteht die Gefahr, dass dieser Weg Sie direkt zu übermäßiger Nahrungsaufnahme führt, nur weil Sie einfach zu oft Nein sagen müssen, ohne Ja zu sagen.

Letztendlich kommen Sie also vielleicht mit einer weniger restriktiven Version von LCHF weiter, weil Sie sich langfristig damit wohler fühlen. Daran sollten Sie also denken, wenn Sie merken, dass Sie nicht zufrieden sind.

Umgekehrt kann es natürlich auch sein, dass Sie zu denjenigen gehören, denen es mit striktem LCHF ganz hervorragend geht. Dann ist das genau das Richtige für Sie. Für viele kann die Lösung darin bestehen, ab und zu zwischen beiden Varianten zu wechseln, beispielsweise einen Monat oder zwei striktes LCHF zu essen und dann mit einer liberaleren Version und etwas mehr Spielraum eine Pause einzulegen. Eine große Gewichtsabnahme erfordert Motivation, und die kann in Zeiten, in denen das Leben uns einholt, etwas variieren.

WIE VIELE KOHLENHYDRATE?

Die Zahlen im Kasten unten stellen nur eine Richtlinie dar. Wie viele Gramm

> **KOHLENHYDRATE PRO TAG**
>
> 0–20 g Kohlenhydrate: Striktes LCHF;
> 20–50 g Kohlenhydrate: Normales LCHF;
> 50–100 g Kohlenhydrate: Liberales LCHF;
> 100–150 g Kohlenhydrate: Trainingsliberales LCHF

Kohlenhydrate Ihre Nahrung enthalten sollte, hängt auch von der Kalorienmenge ab, die Sie essen. Eine gute Faustregel ist, die Kohlenhydratmenge unter zehn Energieprozent Ihrer täglichen Kalorienaufnahme zu halten. Damit haben Sie eine gute STRIKTE bis NORMALE LCHF-Kost. Das für Sie richtige Kohlenhydratniveau hängt von Ihrer Lebensweise ab – wie aktiv Sie sind, wie gut Ihr Stoffwechsel und Ihr Glukoseumsatz sind sowie von Ihrem Alter, Ihrem Hormonstatus usw.

WAS SOLL ICH AN EINEM TAG ESSEN?

Das Problem beim Aufstellen von Richtlinien für die tägliche LCHF-Ernährung besteht darin, dass beispielsweise eine nicht aktive Frau mit einem Gewicht von 60 kg nicht die gleiche Menge Nahrungsmittel zu sich nehmen soll wie ein großer, kräftiger und aktiver Mann mit einem Gewicht von 90 kg. Sie sollten daher je nach Ihren Voraussetzungen etwas weniger oder mehr einplanen.

Ein Tagesplan mit LCHF kann für mich z. B. so aussehen:

FRÜHSTÜCK

Ein Omelett aus zwei Eiern, in Butter gebraten und mit fettem Käse und einer Scheibe Schinken gefüllt. Dazu etwas Gemüse wie z. B. Paprika, Tomate oder Gurke oder vielleicht eine halbe Avocado. Eventuell dazu eine Tasse Kaffee mit Sahne.

MITTAGESSEN

Ein großer Salat mit Hähnchen und 2–3 EL Öldressing oder ein Rest Fleisch vom Abendbrot, in Würfel geschnitten und mit 2–3 EL Mayonnaisedressing verrührt, dazu eine große Schale Rohkost. Wenn man will, kann man auch ein paar gehack-

te Nüsse oder Kerne über den Salat oder die Rohkost streuen.

ABENDESSEN

Ein Stück Fleisch, Geflügel oder Fisch, ein halber Teller Gemüse und reichlich fette Sauce, Dressing oder einen Dip.

Die vorgeschlagenen Mahlzeiten sind nährstoffreich und sättigend, sodass ich es gut bis zur nächsten Mahlzeit aushalte. Wenn ich auf meinen Körper höre, brauche ich dabei keine Zwischenmahlzeiten. Es ist ein Mythos, dass die Fettverbrennung aufhört, wenn wir nicht alle zwei oder drei Stunden etwas essen. Außerdem fällt dabei der Blutzuckerspiegel nicht so schnell ab, wie wir es von unserer fettarmen, kohlenhydratreichen Ernährung kennen. Wenn der Körper erst einmal das Fett als Energiequelle nutzt, kommt es nicht zu diesem Abfall, da er ja ständig Fettdepots zur Verfügung hat, die er verbrennen kann, sodass die Energie nicht aufgebraucht wird.

Mein Appetit ist auch nicht jeden Tag gleich. Manchmal komme ich mit zwei großen Mahlzeiten aus, an anderen Tagen esse ich drei Hauptmahlzeiten und noch einen kleinen Snack am Nachmittag. Wenn ich zwischen den Mahlzeiten Hunger bekomme, trinke ich in der Regel eine Tasse Kaffee oder Tee mit Sahne und/oder einem Teelöffel Kokosöl oder esse ein Stück Käse.

MUSS ICH SPORT TREIBEN?

Sie entscheiden selbst, ob Sie Sport treiben wollen. Aus gesundheitlicher Sicht kann ich Ihnen das nur wärmstens empfehlen, zur Gewichtsabnahme ist es jedoch nicht unbedingt notwendig. Sport macht hungrig, und es

MEHR FLÜSSIGKEIT – MEHR SALZ – MEHR FETT

Dies ist die Antwort auf viele Probleme, die bei der LCHF-Ernährung auftreten können.

• FLÜSSIGKEIT

Dass zu wenig Flüssigkeit unser Wohlbefinden beeinträchtigt, ist keine Neuigkeit. Dennoch fällt es vielen schwer, ausreichend zu trinken. Und was ist vor allem genug? Eine Richtlinie könnten 1½–2 l Wasser pro Tag sein (außer Kaffee und Tee) sowie mehr Flüssigkeit an Tagen mit Training oder warmem Sommerwetter, an denen wir mehr schwitzen.

• SALZ

Salz ist etwas, bei dem die wenigsten darauf achten, dass sie genug davon aufnehmen. Haben wir nicht vielmehr gelernt, dass wir an Salz sparen müssen, da es Bluthochdruck verursacht? Am Salz zu sparen, wenn man Fertiggerichte und Junkfood zu sich nimmt, ist mit Sicherheit eine gute Idee. Isst man hingegen richtiges Essen, ist es wichtig, auch genügend Salz zu sich zu nehmen. Salzmangel verursacht Symptome wie Kopfschmerzen, Schwindelgefühl, Müdigkeit, Konzentrationsschwierigkeiten und gesteigerten Appetit. Vor allem bei der Umstellung auf die LCHF-Ernährung und den damit verbundenen Wasserverlust von 2–3 kg aus dem Gewebe besteht die Gefahr eines Salzmangels im Körper. Viele Umstellungsprobleme lassen sich daher mithilfe von etwas zusätzlichem Salz lindern. Wenn Sie sich nicht sicher sind, ob Ihre Probleme auf zu wenig Salz zurückzuführen sind, trinken Sie einmal ein Glas Wasser mit einem halben Teelöffel Salz (gutes Salz, kein billiges Speisesalz). Geht es Ihnen danach sofort besser, haben Sie die Ursache des Problems gefunden.

Noch ein guter Tipp: Trinken Sie selbst gekochte Brühe (siehe Seite 44). Dabei erhalten Sie obendrein noch eine Menge Mineralstoffe.

• FETT

Wenn Sie bei der LCHF-Ernährung Probleme mit der Energie oder dem Sättigungsgefühl haben, essen Sie aller Wahrscheinlichkeit nach zu wenig Fett. Wenn wir von Fett in Form von Butter, Kokosöl und Olivenöl sprechen, dann kann man davon kaum zu viel essen. Wählen Sie hingegen Fett von Sahne, Crème fraîche und Joghurt, sollten Sie daran denken, dass Sie damit auch relativ viele Kohlenhydrate zu sich nehmen. Versuchen Sie, darauf zu achten, dass ein Teil Ihres Fettkonsums aus »reinen Fettquellen« stammt, also aus solchen, die nicht auch noch Kohlenhydrate enthalten.

kann passieren, dass Sie dann mehr essen, als Sie tatsächlich verbrannt haben. Allerdings kann Sport ein wichtiges Instrument sein, um die Botenstoffe für das Wohlbefinden (Serotonin, β-Endorphin, Dopamin) in Ihrem Gehirn ins Gleichgewicht zu bringen, und wenn wir uns wohlfühlen, haben wir weniger Appetit auf Zucker und andere ungeeignete Lebensmittel.

Wenn es beim Weg ins Fitnessstudio für Sie nur darum geht, Kalorien zu verbrennen, dann ist Ihnen meiner Meinung nach mehr geholfen, wenn Sie eine Sportart (oder Bewegungsform) wählen, die Ihnen wirklich Spaß macht. Das wären z. B. Spaziergänge, für die man weder Ausrüstung noch Wechselsachen oder besondere Orte braucht, denn gehen kann man überall.

DER FLUCH DER WAAGE

Natürlich schlanke Menschen wiegen und messen ihr Essen nicht. Sie hören auf ihren Körper und dessen natürliche Appetitregulierung und essen mehr an Tagen, an denen sie sich hungrig fühlen, und weniger, wenn der Hunger nicht zu groß ist. Sie wiegen sich auch nicht jeden oder jeden zweiten Tag und halten dennoch ihr Gewicht. Haben Sie schon einmal darüber nachgedacht, ob es da einen Zusammenhang geben könnte?
Ja, vielleicht hängt das ja wirklich zusammen. Die Waage ist ein ausgesprochen ungenaues Messinstrument für Ihre Fortschritte, und ausbleibende Ergebnisse (bei den magischen Zahlen der Waage, nicht beim Fortschritt als solchem) gießen nur Öl in das Jetzt-ist-sowieso-alles-egal-Feuer, das übermäßigem

Essen wieder Tür und Tor öffnet. Vielleicht kennen Sie ja das Gefühl, dass Sie am Morgen aufwachen, sich im Spiegel sehen und denken, dass Sie heute schlank(er) aussehen. Dann steigen Sie auf die Waage, die Ihnen erzählt, dass Sie 200 g zugenommen haben, und sofort sind das gute Gefühl und die gute Laune verschwunden. Erscheint Ihnen das konstruktiv?

Meiner Erfahrung nach sind diejenigen, die sich vom Fluch der Waage befreien können, auch diejenigen, denen die Gewichtsabnahme langfristig gelingt. Aber dass wir unsere Waage verschwinden lassen, sei es für immer oder für einige Zeit, bedeutet doch nicht, dass wir unseren Erfolg nicht messen. Die meisten merken oder sehen zwar recht gut, ob es mit dem Abnehmen in die eine oder andere Richtung geht, aber manchmal wäre ein richtiger Beweis doch ganz hilfreich. Diesen Beweis können wir uns mithilfe eines Maßbands verschaffen (nein, nicht täglich, aber vielleicht im Abstand von 3–4 Wochen), oder indem wir eine alte, schmale Jeans hervorkramen. Der Tag, an dem Sie diese ohne Probleme über die Hüften ziehen, ist ein toller Tag, ganz egal, was die Zahlen auf Ihrer Waage Ihnen erzählen.

AUCH DARAN ERKENNEN SIE IHREN ERFOLG:

- Energieniveau
- Schlafqualität
- Heißhunger auf Süßes (oder vielmehr dessen Fehlen)
- Konzentrationsfähigkeit
- Allgemeines Wohlbefinden
- Gute Laune

- Verdauung oder Darmgefühl
- Gefühl von innerer Ruhe

Sich auf die vielen positiven Veränderungen in Körper und Geist zu konzentrieren, hilft Ihnen, Ihre Motivation für neue Gewohnheiten aufrechtzuerhalten.

DEN ERFOLGREICHEN NACHEIFERN

Im Laufe der Jahre habe ich Hunderte Nachrichten von Menschen bekommen, die entweder von ihrem Erfolg mit LCHF berichten oder Hilfe bei ihren Problemen haben wollten. Natürlich können unterschiedliche Auffassungen darüber, was eine LCHF-Ernährung beinhaltet, eine Rolle für die Ergebnisse spielen, aber es gibt auch einige Punkte, die sich bei fast allen wiederfinden, für die diese Ernährungsumstellung erfolgreich ist.

Warum sollte man diesen Menschen nicht nacheifern? Auch wenn es nicht nur ein einziges Modell für den Erfolg gibt, kann es doch sein, dass sie alle etwas richtig machen.

Diejenigen, die Erfolg bei der Ernährungsumstellung haben, sind oft gut darin, sich auf das Positive ihrer neuen Essgewohnheiten zu konzentrieren. Sie denken beispielsweise eher: »Wow, dieser fette Briekäse schmeckt so gut!« statt »Oh nein, jetzt darf ich nie wieder Brot essen!«

Außerdem gelingt es ihnen gut, sich auf den Verzehr der richtigen Lebensmittel zu konzentrieren: wenige Kohlenhydrate, mäßige Mengen Eiweiß und reichlich Fett. Also füllen Gemüse, Fleisch, Fette und Milchprodukte ihre Teller. Sie haben

ein realistisches Verhältnis zu ihrer Ernährung und betrachten Low Carb nicht als Freibrief dafür, zukünftig von Pfannkuchen und Waffeln mit Schlagsahne oder den vielen Low-Carb-Kuchen und -Desserts zu leben. Sie verstehen, dass es auch bei LCHF Dinge gibt, die man im Alltag isst, und andere, bei denen Mäßigung angeraten ist.

Sie erfinden auch nicht schon im Vorfeld alle möglichen Hinderungsgründe als Erklärung dafür, warum sie nicht erfolgreich sind, à la »Ich kann mich nicht nach LCHF ernähren, weil mein Mann kein Mandelmehl verträgt und mein Sohn mittwochs zum Fußball geht und im Übrigen keinen Blumenkohl mag …« Vielleicht halten Sie das ja für übertrieben, aber wenn man unzählige misslungene Diäten hinter sich hat, dann ist es ein normaler Mechanismus, sich von vornherein abzusichern. Denn es tut weh, auf sich selbst zu zeigen, wenn man erklären soll, warum man es auch diesmal nicht geschafft hat.

Und nicht zuletzt suchen die erfolgreichen Menschen nicht ständig Bestätigung von außen. Sie sind keine Sklaven der Waage und wiegen sich nicht täglich. Sie haben auch kein Zieldatum, bis zu dem sie eine bestimmte Anzahl Kilo abgenommen haben müssen. Die Änderung von Gewohnheiten ist ebenso wie die Gewichtsabnahme ein Prozess ohne Verfallsdatum.

STEHT DAS GEWICHT STILL?

Letztendlich handelt es sich bei einer ausbleibenden Gewichtsabnahme immer um eine ausgeglichene Energiebilanz im Körper. Dennoch

habe ich hier einmal einige der Fall-
stricke zusammengestellt, auf die ich
oft stoße.

SIE HABEN ANGST
VOR DER WAAGE?

Eine Gewichtsschwankung von
2–3 kg pro Woche sind völlig normal. Das kann durch Wasser im Körper, Hormone (zu der gewissen Zeit
im Monat), Sport, Muskelwachstum,
Darminhalt und viele andere Fak-
toren bedingt sein. Normalerweise
merkt man es gar nicht, aber wenn
Sie zu oft auf die Waage steigen,
lassen diese Schwankungen Sie daran zweifeln, ob Sie auf dem richtigen Weg sind. Und das ist schade.

SIE ESSEN ZU VIELE LECKEREIEN

Bei LCHF gilt in erster Linie: Gemüse, Fleisch, Fett und fette Milchprodukte sollten den größten Teil Ihrer
täglichen Ernährung ausmachen.
LCHF-Kuchen und -Leckereien sind
im Vergleich zu richtigem Essen
nährstoffarm und enthalten viele
Kalorien (und Kohlenhydrate). Wenn
Sie also abnehmen wollen, schrän-
ken Sie deren Konsum ein.

SIE ESSEN ZU VIELE SNACKS

Eine Handvoll Nüsse hier, ein paar
Käsewürfel dort, ein paar frittierte
Schweineschwarten, ein bisschen
griechischer Joghurt usw. Das alles
sind »akzeptable« LCHF-Snacks,
enthalten aber auch eine nicht uner-
hebliche Menge Energie. Und wenn
Sie zwischen den Mahlzeiten zu viel
davon essen, hemmt das Ihre Gewichtsabnahme.

SIE ESSEN ZU VIELE MILCHPRO-
DUKTE – ODER GAR KEINE

Einige merken, dass sie ohne Milchprodukte schneller abnehmen. Das

hat vielleicht damit zu tun, dass man
von Milchprodukten leichter zu viel
essen kann als von Gemüse und
Fleisch. Dennoch meine ich, dass man
auch mit Milchprodukten abnehmen
kann. Viele empfinden nämlich eine
Ernährung ganz ohne Milchprodukte
als zu restriktiv, was einen Rückfall in
alte Gewohnheiten fördern kann.

SIE BRAUCHEN EINFACH NICHT
ABZUNEHMEN

Viele kämpfen darum, die letzten
drei bis vier kosmetischen Kilo-
gramm loszuwerden, aber könnte
es vielleicht sein, dass diese Kilos
gar nicht zu viel sind? Dass es Ihrem
Körper damit am besten geht? Viele
Menschen haben ein Wohlfühlgewicht, das um einige Kilo höher liegt
als ihr Idealgewicht. Wenn Sie Ihr
Wohlfühlgewicht erreicht haben,
fällt es Ihnen leicht, Ihr Gewicht zu
halten, und Sie merken, dass Sie
auch Urlaub und Feste gut überstehen, ohne dass Ihre Hosen plötzlich
zu eng sitzen.

JANUAR, FEBRUAR

Mit einem neuen Jahr beginnen auch alle neuen Diäten. In den Buchhandlungen sind Schlankheitsbücher der Renner, die Fitnesscenter sind bis zum Bersten gefüllt, und auch ich merke das neue Jahr an den Besucherzahlen meines Blogs *Madbanditten*. Außerdem steigt die Anzahl der E-Mails in meinem Posteingang sprunghaft an. Die meisten davon beginnen mit: »Hallo Jane, ich möchte gerne abnehmen …«

JAHRESBEGINN

Wenn ich sage, dass ich nichts von Diäten halte, dann meine ich nicht, dass man einfach mit seinem Körper und seinem Gewicht zufrieden sein soll, auch wenn das an sich eine gesunde Übung sein kann. Nein, ich bin durchaus für das Abnehmen, ich glaube nur nicht, dass eine Diät der richtige Weg dafür ist. Wenn Sie schon im Dezember wussten, dass im Januar »Diät« in Ihrem Kalender steht, dann haben Sie sicherlich noch einmal so richtig Gas gegeben mit den vielen guten Sachen, auf die Sie im kommenden Jahr verzichten müssen. Logischer wäre es allerdings, sich im Dezember ein wenig zurückzuhalten, um im Januar weniger abnehmen zu müssen. Aber so funktioniert die Diätlogik nicht. Hier wechseln Perioden mit Restriktionen und Überfluss einander ab. Und genau deshalb funktioniert es nicht.

DIÄT ODER LEBENSWEISE?

Wenn Sie auf Diät sind, haben Sie oft den Gedanken: »Ich muss jetzt einfach abnehmen, um jeden Preis.« Und Sie sind bereit, Hunger, Entbehrungen und Leiden als Preis für das Erreichen Ihres Ziels in Kauf zu nehmen. Sie stellen sich täglich auf die Waage, und wenn sich dort nicht täglich ein Erfolg zeigt, werden Sie ungeduldig und wollen schon bald »etwas Neues« ausprobieren. Sie schlagen sich mit null Prozent Fehlertoleranz und verbotenen und erlaubten Lebensmitteln herum und werten jeden Tag aus, ob Sie auch »gut« waren. Alle Gedanken an Gesundheit, Lebensqualität oder Schäden an Körper und Seele, die die Diät bei Ihnen und Ihrem Stoffwechsel verursachen könnte, werden weit weggeschoben. Sie werden von der Stimme übertönt, die Ihnen zuruft: Diese Kilos müssen einfach weg. JETZT SOFORT!

Wenn Sie hingegen dabei sind, Ihre Lebensweise zu ändern, haben Sie einen Plan, wie Sie etwas Gutes für sich tun wollen. Sie wollen nicht nur gut aussehen, Sie wollen auch, dass es Ihnen gut geht, ohne Krankheiten, aber dafür voller Energie. Sie registrieren kleine Veränderungen und schätzen das Vergnügen, Speisen zu essen, die gut schmecken und zugleich Ihrem Körper Nährstoffe zuführen. Sie beobachten, dass Ihr Bauch sich flacher anfühlt und die Hosen etwas lockerer sitzen, aber Sie stellen sich nicht regelmäßig auf die Waage und lassen diese entscheiden, ob Sie heute glücklich sein dürfen oder nicht. Sie sind bereit, sich so zu akzeptieren, wie Sie sind, und dass es so lange dauert, wie es eben dauert. Ich vermute mal, dass Ihre Kilos sich nicht über Nacht an Ihrem Körper festgesetzt haben, sondern dass sie eines nach dem anderen gekommen sind. Genauso werden Sie sie auch wieder los, eines nach dem anderen. Ich glaube außerdem, dass Sie tief drinnen genau wissen, welche Ihrer Gewohnheiten an Ihrem Gewicht

Sie haben sicherlich schon gehört, dass 99 % aller Diäten misslingen. Wenn 99 % aller Flugzeuge abstürzen würden, würden Sie sich dann an Bord begeben, in der Hoffnung, dass gerade Ihr Flug zu dem einen Prozent gehört, das sicher ans Ziel kommt? Doch wohl nicht, oder? Gut, dann probieren Sie doch in diesem Jahr einmal etwas Neues!

schuld sind. Dieses Wissen sollten Sie sich aber nicht ständig vorsagen, sondern vielmehr klug und strategisch nutzen, um sich selbst still und leise in eine andere Richtung zu führen.

KRITERIEN FÜR EINE LEBENSWEISE

Wenn wir über eine Lebensweise sprechen, die wir über lange Zeit und nicht nur in einem begrenzten Zeitraum praktizieren, dann sind plötzlich ganz andere Dinge für uns wichtig. Die Kriterien dafür können unterschiedlich sein, und was für mich wichtig ist, ist es nicht notwendigerweise auch für Sie. Hier erfahren Sie meine Kriterien für eine Lebensweise:

- **ICH WILL MICH SATT ESSEN**

Ich möchte mich satt essen können. Über Jahre hinweg habe ich ein ständiges Hungergefühl gehabt. Ich habe zwar in Büchern und Zeitschriften gelesen, dass eine Schale Hafergrütze mich wegen all der guten Ballaststoffe darin lange Zeit satt halten würde, aber in Wirklichkeit konnte ich eine ganze Tüte Haferflocken essen und war zwei Stunden später schon wieder hungrig. So hatte ich immer das Gefühl, mit mir würde etwas nicht stimmen. Daher war es für mich eine große Erleichterung zu erkennen, dass es nicht an mir lag, sondern dass ganz einfach die Ernährung für mich nicht die richtige war. Das ist ein großer Unterschied. Aber weil ich mich in der Vergangenheit so oft hungrig gefühlt habe, ist es für mich sehr wichtig, mich satt essen zu können. Jeden Tag!

- **ICH WILL GUTES ESSEN HABEN**

Ich liebe Essen. Ich koche gerne, ich esse gerne, und ich will etwas essen können, das gut schmeckt. Hähnchen mit Haut und Fleisch mit guter Fettmarmorierung. Große Mengen Gemüse und fette Saucen. Nie wieder trockene Hähnchenbrust mit Nudelsalat und Light-Dressing. Davon habe ich in meinem Leben genug gegessen. Mehr brauche ich nicht davon.

- **ICH WILL KEINE BAUCHSCHMERZEN HABEN**

Ich habe in meinem Leben mehr Tage mit Bauchschmerzen als ohne gehabt und finde daher, das reicht. Ich möchte gerne Dinge essen, die meinem Magen gut tun.

- **ICH WILL MEIN GEWICHT HALTEN, OHNE SPORT TREIBEN ZU MÜSSEN**

Verstehen Sie mich richtig, Sport ist vom gesundheitlichen Standpunkt aus gut und wichtig, und ich persönlich bewege mich gerne im Alltag. Aber ich gehöre nicht zu denjenigen, die voller Freude ins Fitnessstudio eilen. Wie jeder andere habe auch ich Zeiten mit Verletzungen, Hektik, Krankheit, Unlust oder anderen Dingen, die die Bewegung etwas in den Hintergrund treten lassen. Und ich möchte gerne eine Ernährungsweise haben, bei der ich mein Gewicht halten kann, ohne mehrmals in der Woche meine Laufschuhe schnüren oder das Fitnessstudio meines Vertrauens aufsuchen zu müssen.

- **ICH WILL MICH FREI FÜHLEN**

Ich will mich durch meine Ernährung nicht eingeschränkt fühlen. Es darf nicht schwierig sein zu reisen, in Gaststätten zu essen, Freunde zu besuchen oder an anderen geselligen Veranstaltungen teilzunehmen. Ich will mein Leben nicht an meine

Ernährung anpassen müssen. Ich will zuallererst leben und dann essen. Solange meine Grundernährung in Ordnung ist, muss es auch Raum für Ausschweifungen geben.

MEINE VARIANTE

Ich bin in vielerlei Hinsicht mit einem dankbaren Körper ausgestattet. Mir geht es z. B. richtig gut mit striktem LCHF. Ich genieße das gute, lang anhaltende Sättigungsgefühl und die Tatsache, dass ich nicht so oft essen muss. Mein Heißhunger auf Süßes ist verschwunden, ich habe jede Menge Energie, und ich schlafe nachts wie ein Stein. Aber die strikte Variante langweilt mich auf die Dauer

Ich stehe gerne in der Küche und für mich ist es wichtig, dass meine Gerichte schön und farbenfroh aussehen. Zum Genuss am Essen gehören ja noch mehr Sinne als nur der Geschmackssinn. Ich kümmere mich auch nicht um Regeln oder das Gefühl, dass meine Ernährung restriktiv ist. Glücklicherweise fühle ich mich auch mit einer etwas liberaleren LCHF-Ernährung wohl, bei der ich zu dem vielen oberirdischen Gemüse auch ein wenig Wurzelgemüse und Obst hinzufüge.

AUSTAUSCHLISTE

Es ist kein Geheimnis, dass liberales LCHF einen größeren Spielraum bietet als eine strikte LCHF-Ernährung. Keines von beidem ist jedoch eine exakte Wissenschaft, und das Wichtigste ist, dass Sie ein Modell finden, das zu Ihnen passt. Wenn Sie bei meinen Rezepten manchmal etwas verwirrt sind, dass ich Wurzelgemüse, Obst und andere liberale Zutaten verwende, können Sie nachfolgende Austauschliste nutzen:

LIBERAL	STRIKT
• WURZELGEMÜSE	• BROKKOLI/BLUMENKOHL
• OBST	• BEEREN
• BROT AUS NÜSSEN UND KERNEN	• GEMÜSEBROT ODER BURGERBRÖTCHEN
• JOGHURT MIT NUSSMÜSLI	• OMELETT, RÜHREI, FLEISCH, GEMÜSE ODER FETT
• SMOOTHIE	• KAFFEE ODER TEE MIT KOKOSÖL
• CRÈME-FRAÎCHE-DRESSING UND -DIP	• MAYONNAISEDRESSING ODER KRÄUTERBUTTER
• LCHF-KUCHEN UND -DESSERTS	• EINIGE STÜCKE DUNKLE SCHOKOLADE (85 % KAKAO)
• NÜSSE	• KÄSEWÜRFEL ODER OLIVEN
• SAHNE	• BUTTERSAUCE

Dabei halte ich mich an keinem Ende der Skala länger auf. Einige Mahlzeiten sind bei mir etwas strikter und andere etwas liberaler. Meine Ernährung besteht aus großen Mengen an über der Erde wachsendem Gemüse, aber auch etwas Wurzelgemüse. Obst verwende ich vor allem als Geschmackszugabe im Salat, als Süßungsmittel im Essen oder als Dessert. Ich denke nie daran, mit Blick auf die Kohlenhydrate am Gemüse zu sparen. Andererseits esse ich nicht sehr viele laktosehaltige Milchprodukte (griechischer Joghurt, Crème fraîche usw.), und auch LCHF-Brot und -Kuchen gehören eher zu den Seltenheiten. Darüber hinaus esse ich jeden Tag Fleisch, Eier, Geflügel und/oder Fisch und spare auch nicht an Fetten wie Butter, Kokosöl, Olivenöl usw.

Für mich funktionieren große Mahlzeiten am besten, und ich versuche, nur Hauptmahlzeiten zu essen. Das ist nichts, an dem ich fanatisch festhalte, aber für mich ist es sinnvoller, zur Hauptmahlzeit Fleisch, Gemüse und Fett zu essen, als dazwischen Snacks wie Nüsse, Käsestücke oder frittierte Schweineschwarten.

Ich zähle nichts, messe und wiege mein Essen nicht und überlege mir nicht, von dem einen, dem anderen oder dem dritten etwas weniger zu essen, weil ich an einem Tag zu viel gegessen habe. Meine Nahrung muss nicht in eine bestimmte Energie-Prozent-Verteilung passen. Sie soll meinem Körper Energie und Nährstoffe liefern und mir Sättigung, Freude und Energie geben.

VERBOTENES ESSEN? HIER NICHT!

Ich verwende im Zusammenhang mit Essen nie Begriffe wie erlaubt, verboten, richtig, falsch, Sünde, schummeln oder Rückfall. Ich kann essen, was ich will, und von Limonade, Chips und gekauftem Kuchen leben, wenn ich will. Ich will aber nicht. Vielleicht, weil diese Dinge nicht verboten sind.

Wenn man sich selbst bestimmte Lebensmittel verbietet, führt das zur Fokussierung und zu Heißhunger darauf. Wenn Sie 100 Mal Nein gesagt haben, will Ihr Gehirn gerne auch einmal ein Ja hören. Und nicht nur irgendein Ja, sondern ein richtig großes, donnerndes JA! Und dann finden Sie sich plötzlich völlig neben der Spur wieder, bei allem, von dem Sie sich die ganze Zeit gesagt haben, dass Sie es im Alltag nicht essen »dürfen«. Denn Sie wollen ja das »Essfenster« maximal nutzen. Wer weiß, wann Sie wieder »dürfen«. Nein, dann esse ich lieber noch etwas mehr davon. Kommen Ihnen solche Gedanken bekannt vor?

Wenn wir den Gedanken fallen lassen, dass bestimmte Lebensmittel verboten sind, verschwindet langsam, aber sicher deren Anziehungskraft, und wir können ganz ruhig die Wahl treffen, die uns und unseren Zielen langfristig nützt.

Ich habe noch nie von jemandem gehört, der von zu viel Gemüse dick oder krank geworden ist. Gemüse verbessert die Insulinsensitivität, versorgt Ihren Körper mit Mikronährstoffen (Vitaminen und Mineralstoffen) und verringert den Heißhunger auf Süßes.

JANUAR, FEBRUAR

BEDEUTET DAS, DASS ICH GROSSE MENGEN ZUCKER UND ALL DAS GUTE FETT ESSEN KANN?

Nein, wenn Sie Ihr Gewicht halten wollen. Aber in Gedanken alle Lebensmittel zuzulassen, ist sowohl befreiend als auch stärkend, um die Zeiten des übermäßigen Essens zu verringern. Wenn Sie einmal zwischendurch Zucker essen, dann ist das Ihre eigene Entscheidung.

Ich mache das selbst ab und zu, ebenso wie ich von Zeit zu Zeit etwas zu viel Rotwein trinke. Das ist eine erwachsene Entscheidung, und ich bin alt genug, die damit verbundenen Kopfschmerzen in Kauf zu nehmen.

Wenn wir uns von dem Gedanken an die Gesundheit leiten lassen und nicht von der hundertprozentigen Einhaltung starrer Ernährungsvorschriften, können wir plötzlich in allen Restaurants essen, alle Einladungen zum Abendessen annehmen und an alle Orte der Welt reisen, ohne »etwas zu ruinieren«.

ENTSCHEIDUNG FÜR UND GEGEN ETWAS

Der Dezember ist auch für mich ein Monat mit vielen Festen. Daher kann es richtig gut sein, im Januar wieder ein wenig zum Alltag zurückzukehren. Das tue ich nicht, indem ich ein neues strenges Regime mit vielen Verboten einführe. Stattdessen nehme ich eine Menge gesunder Dinge mit in meine Ernährung auf. Dabei kann es gut sein, dass mein Körper zu Beginn protestiert, denn Zucker betäubt die Geschmackszellen und verglichen mit dem intensiven, chemisch hergestellten Geschmack schmeckt natürliches Essen nicht so kräftig.

ÜBEN SIE SICH IM LOSLASSEN!

Wenn Sie wie ich sind, dann lieben Sie Essen und essen am liebsten, bis alle Teller und Schüsseln leer sind. Versuchen Sie in der nächsten Woche, sich bei jeder Mahlzeit im Loslassen zu üben. Das gibt Ihnen nicht nur das Gefühl, Kontrolle über die Situation zu haben, sondern sendet gleichzeitig auch Ihrem Gehirn ein Signal, dass genügend Essen da ist und es alle Katastrophengedanken über eine Lebensmittelknappheit abblasen kann.

Für mich funktioniert es sehr gut, zum Frühstück oder Mittagessen einen Gemüsesaft, einen Greenie oder einen Smoothie zu trinken. Ich entscheide mich also für gute, nährstoffreiche Nahrung.

Ich fülle meine Teller mit Gemüse, Fleisch und gutem Fett und lasse Dinge wie Nüsse, Obst und Joghurt etwas in den Hintergrund treten. Und nach einiger Zeit merke ich, dass mein Essverlangen sich ändert. Anstatt Heißhunger auf Zucker zu haben, bekomme ich Lust auf Brokkoli – natürlich mit Sahne und Käse im Ofen überbacken. Und wenn ich merke, dass der Appetit auf natürliches Essen sich wieder meldet, dann weiß ich, dass es mir gelungen ist, auch meine Gedanken wieder auf die Reihe zu bekommen.

Es tut mir nicht leid um all den Zucker, den ich nicht esse. Ich esse nämlich nun genau das, was ich am liebsten mag.

FREI VON SCHULD, ABER NICHT VON VERANTWORTUNG!

Wir sind es gewohnt, für unsere neue Lebensweise besondere Ernährungspläne mit genau abgemessenen Mengen zu erhalten. Tatsache ist jedoch, dass der Erfolg beim Übergang zu einer neuen Lebensweise nicht nur auf den Tellern liegt. Er sitzt vielmehr zwischen den Ohren, in den Gedanken. Und seine Gedanken zu ändern, ist vielleicht noch schwieriger, als zu kontrollieren, was man in den Mund steckt. Aber wie Sie sehen werden, sind dies zwei Seiten derselben Medaille.

Das Beste, womit Sie beginnen können, ist, sich selbst ein für alle Mal von Schuld freizusprechen. Schuld und Scham sind die giftigsten Zutaten für Ihr Leben und das Einzige, was sie bewirken, ist, dass Sie zu viel essen und dadurch Ihre guten Ziele sabotieren.

Schuld und Scham sind unangenehme Gefühle, und wenn Sie auch nur im Entferntesten den meisten anderen Menschen ähneln, dann werden Sie alles tun, um diese Gefühle nicht wahrzunehmen. Und was betäubt besser als Zucker?

Sich selbst von Schuld freizusprechen ist nicht dasselbe, wie alles einfach nur laufen zu lassen. Das erwachsene Gegengewicht dazu ist die Übernahme von Verantwortung.

Egal, was Sie seit Ihrer Kindheit mit sich herumtragen, wie schwer Ihre Arbeit ist, wie unmöglich Ihre Kinder sind, wie wenig Geld Sie haben, welche körperlichen Probleme Sie haben, wie wenig Ihre Arbeit wertgeschätzt wird, wie sehr Sie diese

> Sie brauchen weder eine Eierdiät, eine Fettdiät oder irgendwelche anderen seltsamen – und potenziell schädlichen – Monodiäten durchzuführen, um abzunehmen. Letztendlich kommen Sie am Weitesten mit Vernunft und guten Gewohnheiten, mit denen Sie langfristig leben können, anstatt mit kurzfristigen Maßnahmen, durch die Sie 2–3 kg Wasser in fünf Tagen verlieren.

Lohnerhöhung verdient hätten – es liegt in Ihrer Verantwortung, zu versuchen, die Situation zu ändern. Denn die irritierende Wahrheit ist, dass niemand anderes dies für Sie übernehmen kann. Sie können sich zwar zurücklehnen und darauf warten, dass ein Erwachsener kommt und alles in Ordnung bringt, aber dieser Erwachsene wird nicht kommen. Denn dieser Erwachsene sind Sie.

Aber die Arbeit wird in dem Augenblick leichter, in dem Sie nicht mehr zurückblicken und sich selbst vorwerfen, dass es auch Ihre Schuld ist, in diese Situation geraten zu sein, und dass Sie sich schämen sollten, es nicht besser auf die Reihe bekommen zu haben. In Zukunft legen Sie solche Gedanken in die Ist-doch-egal-Box und denken stattdessen darüber nach, wie Sie Ihre Verantwortung wahrnehmen und etwas zur Verbesserung Ihrer Situation tun können. Vergessen Sie das nicht!

ZEHN FAKTEN ÜBER DAS ABNEHMEN

1. Es gibt viele Wege zum Abnehmen. Der beste für Sie ist der, bei dem Sie Dinge essen können, die Sie mögen, und gleichzeitig weniger Energie zu sich nehmen, als Sie verbrennen, ohne dass Sie sich hungrig oder irritiert fühlen.

2. Seien Sie ehrlich bezüglich Ihres Essens. Zumindest sich selbst gegenüber. Sie wissen sicherlich selbst sehr gut, welcher Teil Ihrer Ernährung Ihnen Probleme bereitet. Wenn Sie sich dessen bewusst sind, können Sie an einer Änderung arbeiten.

3. Senken Sie Ihre Ambitionen. Hundertprozentige Perfektion ist ein unrealistisches Ziel.

4. Rückfälle sind ein Teil des Prozesses. Das Wichtigste ist, dass Sie daraus lernen und schnell weiterkommen.

5. Neue Gewohnheiten erfordern neue Handlungsweisen. Einige sind leichter zu integrieren, andere schwerer. Wenn wir immer wieder dasselbe tun, was wir immer getan haben, werden wir immer nur das bekommen, was wir immer bekommen haben.

6. Nicht jedes Essen beginnt mit Hunger. Lernen Sie, den Unterschied zwischen echtem Hunger und gefühlsmäßigem Hunger zu erkennen, und machen Sie sich klar, wann Sie aus welchem Grund essen.

7. Sprechen Sie nett mit sich selbst. Ihre Gedanken werden zu Ihren Handlungen, und Ihre Handlungen werden zu Ihren Gewohnheiten.

8. Definieren Sie Ihre Ernährung oder Ihre Gesundheit nicht in Schwarz/Weiß oder Entweder/Oder. Die Antwort, nach der Sie suchen, findet sich eher in den Nuancen.

9. Denken Sie daran zu genießen: das Essen, den Prozess und die guten Dinge, die Ihre neuen Gewohnheiten mit sich bringen. Indem Sie sich auf das Positive konzentrieren, bekommen Sie Lust zum Weitermachen.

10. Loben Sie sich selbst. Passt Ihnen eine kleinere Hosengröße, oder haben Sie eine große Herausforderung gemeistert? Feiern Sie Ihre Erfolge. (Aber möglichst mit etwas anderem als mit Süßigkeiten!)

Blaubeer-Smoothie (siehe Seite 33)

Zwei gute Greenies

Grüne Drinks sind wie eine kräftige Vitaminspritze für den Körper. Wenn Gemüsedrinks für Sie etwas Neues sind, dann können Sie zu Anfang auch etwas Obst mit hineingeben, wenn Ihnen die Süße fehlt. Bei der Hardcore-Variante lassen Sie das Obst ganz weg.

BALLASTSTOFF-GREENIE

1 PERSON

200 g tiefgekühlte Brokkoliröschen
3 Scheiben tiefgekühlte Banane
1 Handvoll Basilikumblätter
½ Avocado
2 TL Chiasamen
1 EL Kokosöl ohne Geschmack

Alle Zutaten mit 200–250 ml Wasser mixen und
sofort servieren.

.

ERFRISCHENDER GREENIE

1 PERSON

½ Gurke
1 Handvoll Spinatblätter
abgeriebene Schale und Saft
von 1 unbehandelten Limette
1 Handvoll frische Minzeblätter
½ Apfel, in Spalten
100 ml Kokoscreme
1 Prise Vanillepulver

Alle Zutaten mit etwa
200 ml Wasser mixen und
sofort servieren.

Blaubeer-Smoothie
MIT PETERSILIE UND MINZE

Ich würde nicht jeden Morgen mit einem Smoothie-Frühstück auskommen, aber ab und zu starte ich gern mit einer leichten Mahlzeit in den Tag. Essen Sie für ein besseres Sättigungsgefühl eventuell ein oder zwei Eier zu dem Smoothie.

1 PERSON

150 ml tiefgekühlte Blaubeeren
1 kleine Handvoll Petersilie
1 kleine Handvoll Minze
100 ml Kokoscreme
1 TL Kakaopulver
1 Prise Vanillepulver

Alle Zutaten mit etwa 100 ml Wasser mixen und sofort servieren.

Lachsfrittata

Die Lachsfrittata ist nicht nur ein herrliches, sättigendes Frühstück, sondern auch eine gute Möglichkeit, Reste vom Abendbrot zu verarbeiten.

1 PERSON

2 Eier
Salz und frisch gemahlener
    Pfeffer
etwa 70 g Lachs, gegart
½ rote Paprikaschote
1 kleine rote Zwiebel
Butter oder Kokosöl zum Braten
½ TL gemahlene Kurkuma

Schnittlauchröllchen
1 Avocado
Gartenkresse

Den Backofen auf 180 °C vorheizen.

Die Eier in einer Schüssel verquirlen und mit Salz und Pfeffer würzen. Den Lachs zerkleinern. Die Paprikaschote von den Samen befreien und in Streifen schneiden. Die Zwiebel in feine Ringe schneiden. In einer kleinen ofenfesten Pfanne etwas Butter oder Kokosöl erhitzen und das Kurkuma darin anschwitzen. Nun Lachs, Paprika und Zwiebeln in der Pfanne anbraten und zum Schluss die Eimasse darübergießen. Die Eier etwas stocken lassen, dann die Pfanne in den Backofen stellen und die Frittata in 10–15 Minuten fertig backen.

Die Pfanne herausnehmen (mit Topflappen!) und die Frittata mit dem Schnittlauch garnieren. Die Avocado halbieren, entsteinen und die Kresse darüberstreuen. Zur Frittata servieren.

JANUAR, FEBRUAR

Cowboy-Eier

Der Geschmack von Curry und Tabasco führt uns in den Wilden Westen. Daher der etwas seltsame Name.

1 PERSON

Butter oder Kokosöl zum Braten
1–2 TL Curry
4 Blätter Basilikum
2 Eier
5–6 Tropfen Tabasco
Salz und frisch gemahlener Pfeffer

In einer Pfanne etwas Butter oder Kokosöl zerlassen und das Currypulver in zwei Portionen in die Pfanne geben. Einige Minuten anschwitzen, dann je zwei Basilikumblätter auf die beiden Curryportionen geben. Die Eier über den Basilikumblättern aufschlagen, die Temperatur reduzieren und die Spiegeleier fertig braten. Einige Tropfen Tabasco auf die Spiegeleier geben und diese vor dem Servieren mit Salz und Pfeffer würzen.

Bloody Mary

Dieser Drink schmeckt auch hervorragend ohne Alkohol.

1 GLAS

2 große Tomaten (oder 250 ml passierte Tomaten)
½ rote Paprikaschote
10 g Zwiebeln
abgeriebene Schale und Saft von 1 unbehandelten Limette
2 cl Wodka (nach Belieben)
1 Spritzer Tamari (glutenfreie Sojasauce)
etwas Salz und frisch gemahlener Pfeffer
etwas Tabasco
Eiswürfel

1 Stange Sellerie

Ganze Tomaten halbieren und die Samen entfernen. Die Paprikaschote von den Samen befreien und grob zerkleinern. Alle Zutaten (außer dem Sellerie) in einen leistungsstarken Mixer geben und gut vermischen. Mit Salz, Pfeffer und Tabasco abschmecken und mit dem Sellerie als Trinkröhrchen servieren.

GEMÜSEBROT

Brot aus Gemüse hat nicht nur den Vorteil, dass man dadurch mehr Gemüse konsumiert, sondern es enthält auch weniger Kohlenhydrate als Brot aus Nüssen und Kernen. Als ich dieses Brot eingefleischten Brotessern vorgesetzt habe, wurde es trotz seiner etwas schwammigen Konsistenz als »phänomenal« bezeichnet.

1 BROT

500 g Gemüse
 (z. B. 200 g Spitzkohl,
 200 g Knollensellerie
 und 100 g Karotten)
4 Eier
100 g Kartoffelfasern
100 g Leinsamen
100 g Kürbiskerne
100 g Sonnen-
 blumenkerne
2 EL Flohsamenschalen
1 TL Fenchelsamen
2–3 TL Kräutersalz

gemischte Kerne
 (z. B. Kürbiskerne,
 Sonnenblumenkerne,
 Sesam) zum
 Bestreuen

Das Gemüse putzen und in der Küchenmaschine mit dem großen Messer zerkleinern. Die Eier dazugeben und alles vermischen, bis eine homogene, feuchte Masse entsteht.

Die Gemüse-Eier-Mischung in eine Schüssel geben und die übrigen Zutaten hinzufügen. Die Masse gut verrühren.

Den Backofen auf 150 °C vorheizen.

Den Teig in eine mit Backpapier ausgelegte Brotform füllen und mit den Kernen bestreuen. Das Brot etwa 80 Minuten backen. Aus der Form nehmen und auf einem Kuchengitter abkühlen lassen.

TIPP: *Bewahren Sie das Brot im Kühlschrank oder im Gefrierschrank auf und toasten Sie es vor dem Servieren.*

TIPP: *Bereiten Sie die Zimtbutter einige Stunden vor dem Servieren zu, damit sie noch fest wird.*

Ricotta-Pfannkuchen
MIT ZIMTBUTTER

Zimtbutter im Kühlschrank vorrätig zu haben, schadet nie, und von Pfannkuchen kann man sowieso nicht genug haben. Hier werden sie mit einer Scheibe geschmolzener Zimtbutter als sättigendes Luxus-Frühstück serviert.

8-10 STÜCK

4 Eier
200 g Ricotta
3 EL entöltes Mandelmehl
½ TL Vanillepulver
½ TL gemahlener
  Kardamom
Butter oder Kokosöl
  zum Braten

FÜR DIE ZIMTBUTTER
200 g weiche Butter
1 EL gemahlener Zimt
1 EL Sukrin Gold

Für die Pfannkuchen die Eier mit dem Ricotta vermischen und das Mandelmehl sowie die Gewürze hinzufügen. Alles zu einem dickflüssigen Teig verrühren. In einer Pfanne etwas Butter oder Kokosöl zerlassen, den Teig in kleinen Haufen in die Pfanne geben und die Pfannkuchen auf jeder Seite etwa 2–3 Minuten braten.

Für die Zimtbutter in einer Schüssel die Butter mit dem Zimt und dem Zucker zu einer gleichmäßigen Masse verrühren. Die Mischung auf ein Stück Backpapier legen und zu einem länglichen Zylinder formen. Die Butter straff in das Papier einwickeln und zum Festwerden in den Kühlschrank legen.

Die Pfannkuchen mit jeweils einer Scheibe Zimtbutter servieren.

JANUAR, FEBRUAR

Regenbogensalat auf Grünkohlbett

Von Zeit zu Zeit möchte man vielleicht einmal ein Frühstück ohne Fleisch essen. Dieser Salat ist so schön und farbenfroh, dass man fast spüren kann, wie er alle Zellen des Körpers mit Nährstoffen versorgt.

1 PERSON

2 Handvoll Grünkohl
1 Handvoll Rucola
1 EL Cashewcreme (siehe unten)
½ gelbe Paprikaschote, in Streifen geschnitten
½ Avocado, gewürfelt
1–2 Tomaten, gewürfelt
1 EL Granatapfelkerne
1 EL Kürbiskerne, eventuell mit geräuchertem Paprikapulver (siehe Seite 149)

FÜR DAS DRESSING

1 EL kalt gepresstes Olivenöl
1 EL Apfelcidre-Essig
etwas Salz

FÜR DIE CASHEWCREME

200 g Cashewkerne
2 Knoblauchzehen
1 EL Dijonsenf
1 kleiner EL Kräuter (z. B. Estragon, Dill oder Schnittlauch)
Salz und frisch gemahlener Pfeffer
1–2 EL Zitronensaft

Den Grünkohl und den Rucola gründlich waschen und mit Küchenpapier trocken tupfen. Die Stängel vom Grünkohl entfernen, die Blätter grob hacken und in eine große Schüssel geben.

DRESSING Für das Dressing alle Zutaten verrühren und über den Grünkohl gießen. Nun den Grünkohl mit den Händen 1–2 Minuten massieren (ja, massieren!), bis er dunkelgrün und zart ist.

CASHEWCREME Die Cashewkerne für 1 Stunde in Wasser einweichen. Dann abseihen und die Kerne im Mixer zusammen mit den übrigen Zutaten zu einer feinen, homogenen Creme vermischen. Mit Salz, Pfeffer und Zitronensaft abschmecken. Die Creme in ein Glas füllen und im Kühlschrank aufbewahren (3–4 Tage).

Den Grünkohl auf einem tiefen Teller anrichten, die Cashewcreme in die Mitte geben und den Rucola sowie die übrigen Salatzutaten außen herum anordnen.

KOCHEN SIE IHR EIGENES SÜPPCHEN

In einer Zeit, in der das Essen vor allem preiswert sein und schnell gehen muss, fühlt es sich richtig an, einmal darauf zu schauen, wie unsere Großmütter gekocht haben. Da gibt es nämlich viele gute Traditionen, die wir wieder aufgreifen können, z. B. eine Suppe aus den Resten eines Huhns zu kochen, nachdem das Fleisch gegessen wurde.

Eine aus Knochen gekochte Suppe ist ausgesprochen nährstoffreich und enthält viele wichtige Mineralstoffe, z. B. Kalk, Phosphor, Kalium und Magnesium. Die Gelenke enthalten Kollagen. Um das nutzen zu können, müssen Sie Brühe daraus kochen. Das Kollagen wird dann zu Gelatine, die eiweißreich ist und die Aminosäuren Prolin und Glycin enthält, die wiederum blutzuckerregulierend, stressreduzierend, heilend und entzündungshemmend wirken.

Wenn Ihr Darmsystem durch Stress, falsches Essen oder anderes belastet ist, wirkt Gelatine positiv auf den Darm, stärkt die Nährstoffaufnahme aus der Nahrung und unterstützt gleichzeitig eine gute Verdauung.

Ein anderer, praktischerer Grund ist, dass dies eine ausgezeichnete Salzquelle ist. Bei der LCHF-Ernährung besteht nämlich die Gefahr, dass wir anfälliger für Änderungen des Flüssigkeits- und Salzhaushalts werden, da wir nicht mehr so viel Flüssigkeit einlagern. Man kann natürlich Salz über das Essen streuen, aber man kann auch ein Glas Brühe am Tag trinken.

Einige Umstellungsprobleme wie Kopfschmerzen, Schwindelgefühl, Müdigkeit und Schwächegefühl sind auf Salzmangel zurückzuführen und lassen sich durch mehr Salz in der Nahrung beheben. Denken Sie jedoch daran, Qualitätssalz, z. B. Himalajasalz, zu wählen und nicht das billige Speisesalz, das chemisch gereinigt und daher völlig ohne Mineralstoffe ist.

Hühnerbrühe

Karkasse von 1 großem Biohühnchen (plus eventuell Bratensatz aus dem Boden des Bräters, in dem das Fleisch gebraten wurde)
1 große Zwiebel
2 Paprikaschoten
1 Chilischote
4 Knoblauchzehen
3–4 Lorbeerblätter
50–100 ml Apfelcidre-Essig
2–3 EL Meersalz oder Himalajasalz

Die Hühnerkarkasse in einen großen Suppentopf legen. Die Zwiebel schälen und vierteln. Das Gemüse putzen, in grobe Stücke schneiden und zusammen mit den übrigen Zutaten in den Topf geben und so viel Wasser (etwa 3 l) angießen, bis alles bedeckt ist. Aufkochen und bei niedriger Temperatur 5–6 Stunden (oder über Nacht) köcheln lassen.

Die Hühnerkarkasse und das Gemüse mit einem Schaumlöffel herausheben. Die Suppe durch ein feines Sieb in ein Glas abseihen. Abkühlen lassen, mit einem Deckel verschließen und im Kühlschrank oder Gefrierschrank aufbewahren. Wenn die Brühe abgekühlt ist, sammelt sich das Fett in einer Schicht an der Oberfläche. Dieses kann man dort belassen und so eine fettere Suppe genießen, oder man entfernt diese Schicht und verwendet sie später als Bratfett.

HÜHNERSUPPE
AUF GESUNDE ART

Wenn Sie nicht bereits begonnen haben, Suppe aus Hühnerkarkasse zu kochen, dann ist es jetzt an der Zeit. Das ist das Gesündeste, was Sie für sich tun können. Außerdem hat es mehr Sinn, das viele Geld für das Biohühnchen zu bezahlen, wenn man es bis zum Letzten nutzt. Lesen Sie mehr darüber auf Seite 44.

2 PERSONEN

150 g Weißkohl
2 Stangen Sellerie
100 g Frühstücksspeck
200 g Hühnerfleisch, gegart
½ rote Chilischote (nach Belieben)
600 ml Hühnerbrühe (siehe
   Seite 45)

gehackte Kräuter zum Garnieren (z. B. glatte Petersilie oder
   Koriander)

Den Weißkohl und den Sellerie putzen und in feine Streifen bzw. Scheiben schneiden. Den Speck würfeln und in einer Pfanne anbraten. Den Weißkohl, den Sellerie und den Speck in tiefe Teller geben. Das Hühnerfleisch würfeln. Nach Belieben die Chilischote von den Samen befreien und in dünne Scheiben schneiden.

In einem Topf die Brühe zusammen mit den Hühnerfleischwürfeln erwärmen und über das Gemüse und den Speck in die Teller schöpfen. Mit Chilischeiben und Kräutern bestreuen und servieren. Ganz einfach, oder?

Nach Belieben eine Scheibe des guten Bräterbrots dazureichen (siehe Seite 189).

Bräterbrot
(siehe Seite 189)

TIPP: Man kann Brühe aus allen Knochen kochen, auch aus Markknochen vom Rind oder Kalb. Fragen Sie Ihren Fleischer, wenn Sie das nächste Mal dort einkaufen.

FISCHSUPPE

MIT AIOLI

Ich habe erst als Erwachsene gelernt, Fischsuppe zu essen, finde aber inzwischen, dass sie richtig gut schmeckt. Vergessen Sie nicht die Aioli dazu, die viel zu dem guten Geschmack beiträgt.

4 PERSONEN

600 g Fisch ohne Gräten (z. B. Lachs, Kabeljau, Pollack, Heilbutt)
1 Schalotte
3 Knoblauchzehen
1 rote Chilischote
1 rote Paprikaschote
1 Zucchini
1 großer Fenchel
3 große Tomaten
Kokosöl zum Braten
2 EL Currypulver
2 EL Tomatenpüree
200 ml Weißwein
500 ml Fisch- oder Gemüsebrühe
abgeriebene Schale und Saft von 1 unbehandelten Orange
250 ml Schlagsahne
Salz und frisch gemahlener Pfeffer

FÜR DIE AIOLI
(Für 1 Glas)
300 g Mayonnaise
5 Knoblauchzehen

2 Frühlingszwiebeln
1 Handvoll glatte Petersilie

Den Fisch in Würfel schneiden. Die Schalotte fein hacken, den Knoblauch pressen. Die Chilischote fein würfeln. Das übrige Gemüse putzen und in mundgerechte Stücke schneiden.

In einem Topf etwas Kokosöl erhitzen und den Curry zusammen mit der Schalotte, dem Knoblauch und den Chiliwürfeln darin anschwitzen. Das Tomatenpüree hinzufügen und kurz mitbraten. Das Gemüse (mit Ausnahme der Tomaten) dazugeben und gut umrühren. Den Weißwein, die Fischbrühe, Orangensaft und -schale sowie die Tomaten hinzufügen, unterrühren und die Suppe etwas einkochen lassen. Dann die Sahne dazugeben und alles weitere 5–10 Minuten kochen lassen.

Die Temperatur reduzieren und die Fischwürfel in die Suppe geben. Etwa 5 Minuten darin ziehen lassen, bis sie gar sind. Mit Salz und Pfeffer abschmecken.

AIOLI Die Mayonnaise in eine Schüssel geben und den Knoblauch hineinpressen. Gut verrühren und kühl aufbewahren.

Die Frühlingszwiebeln fein schneiden, die Petersilie fein hacken. Die Suppe damit bestreuen. Dazu Aioli und Bräterbrot (siehe Seite 189) reichen.

Bräterbrot
(siehe Seite 189)

HÄHNCHEN
IN CREMIGEM SPINAT

Echtes Komfort-Food für kalte, dunkle Winterabende. Und eine gute Möglichkeit, Gemüsevorräte aus dem Gefrierschrank aufzubrauchen.

4 PERSONEN

600 g Hähnchenfilet (gerne mit Haut)
30 g Butter, mehr für die Form
1 große Zwiebel
4 Knoblauchzehen
100 ml Hühnerbrühe (siehe Seite 45)
200 ml Schlagsahne
1–2 EL Zitronensaft
2–3 TL Tabasco
3 TL geräuchertes Paprikapulver (siehe Seite 149)
Salz und frisch gemahlener Pfeffer
500 g tiefgekühlter Spinat, aufgetaut
200 g Käse (z. B. Cheddar), gerieben

Den Backofen auf 200 °C vorheizen. Die Hähnchenfilets in eine gebutterte Auflaufform legen und 20–25 Minuten im heißen Ofen braten. Herausnehmen und abkühlen lassen. Das Fleisch in Würfel schneiden und in die Form zurücklegen. Den Backofen nicht ausschalten.

In einer Pfanne die Butter zerlassen. Die Zwiebel und den Knoblauch fein hacken und darin anschwitzen. Die Hühnerbrühe und die Sahne zusammen mit dem Zitronensaft, dem Tabasco, dem Paprikapulver hinzufügen. Mit Salz und Pfeffer würzen. Aufkochen lassen. Den Spinat ausdrücken und in die Sauce einrühren.

Die Spinatmischung auf dem Hühnerfleisch verteilen. Den Käse darüberstreuen und das Fleisch 10–15 Minuten im Backofen überbacken.

BUTTER CHICKEN
MIT BLUMENKOHLREIS UND LIMETTE

Ein indisch inspiriertes Hähnchen mit Sauce und reichlich Butter. Mehr braucht es nicht, um mich dazu zu überreden.

4 PERSONEN

600 g Hähncheninnenfilet
100 ml Vollmilchjoghurt natur
   (eventuell selbst gemacht; siehe
   Seite 108)
2 Knoblauchzehen, zerdrückt
2 TL gemahlene Kurkuma
1 TL Chilipulver
1 EL geriebener Ingwer
4 EL Olivenöl
1 EL Zitronensaft
1 EL Weißweinessig
1–2 TL Salz

FÜR DIE BUTTERSAUCE

50 g Butter
2 Knoblauchzehen, fein gehackt
1 EL geriebener Ingwer
1–2 TL Chilipulver
3 TL Garam Masala
3 TL Paprikapulver
100 ml Gemüsebrühe oder
   Hühnerbrühe (siehe Seite 45)
1 EL konzentriertes Tomatenpüree
300 ml Schlagsahne

FÜR DEN BLUMENKOHLREIS

1 Blumenkohl
abgeriebene Schale und Saft von
   2 unbehandelten Limetten

1 kleine Handvoll Korianderblätter
Limettenachtel

Das Fleisch würfeln. Die restlichen Zutaten zu einer Marinade verrühren und mit den Fleischwürfeln vermengen. Über Nacht ziehen lassen. Am nächsten Tag die Fleischwürfel in einer Pfanne von allen Seiten braten, bis sie gar sind. Beiseitestellen.

BUTTERSAUCE In einer Pfanne die Butter zerlassen und den Knoblauch und die Gewürze darin anschwitzen. (Achtung: Sie dürfen nicht verbrennen!) Die Brühe, das Tomatenpüree und die Sahne hinzufügen. Zum Kochen bringen und so lange köcheln lassen, bis die Sauce dick und cremig ist. Zum Schluss die Hähnchenfleischwürfel dazugeben und alles noch einmal aufkochen lassen.

BLUMENKOHLREIS Den Blumenkohl in Röschen zerteilen und diese in der Küchenmaschine fein zerhacken. In eine Schüssel geben, mit kochendem Wasser übergießen und das Wasser gleich wieder abseihen. Den Blumenkohlreis vor dem Servieren mit Limettensaft und -schale verrühren. Mit Korianderblättern und Limettenachteln garnieren.

Ossobucco

MIT SELLERIEMUS UND KRÄUTERN

Ossobuco ist in meinen Augen der König des Slow-Cooking. Die hier angegebenen Mengen sind für vier Personen berechnet, aber bereiten Sie ruhig das Doppelte zu, denn dieses Gericht schmeckt nach dem Aufwärmen noch besser.

4 PERSONEN

4 Scheiben Kalbshaxe (Ossobuco)
1 große Karotte
3 Stangen Sellerie
2 Zwiebeln
4 Knoblauchzehen
Butter zum Braten
Salz und frisch gemahlener Pfeffer
400 g passierte Tomaten
2 EL konzentriertes Tomatenpüree
300 ml Rinderbrühe
100 ml Rotwein
2 EL Balsamicoessig
1 EL Kokoszucker
3 EL fein gehackte Kräuter (z. B. Petersilie, Rosmarin, Thymian)

FÜR DAS SELLERIEMUS
1 Knolle Sellerie
50 g Butter
1–2 EL frisch geriebener Meerrettich (nach Belieben)

1 Bund glatte Petersilie
1 Handvoll Minzeblätter
3 Knoblauchzehen
abgeriebene Schale von 1 unbehandelten Zitrone

Die Ränder der Fleischscheiben einschneiden, damit sie sich beim Braten nicht wölben. Das Gemüse putzen und in grobe Stücke schneiden. In einer Pfanne etwas Butter zerlassen, das Fleisch mit Salz und Pfeffer würzen und darin anbraten. Das Fleisch herausnehmen und auf einen Teller legen. Die passierten Tomaten, das Tomatenpüree, die Brühe, den Rotwein, den Essig und den Kokoszucker zum Bratensatz in die Pfanne geben und schnell aufkochen.

Das Fleisch, das Gemüse und die gehackten Kräuter in einen Bräter mit Deckel oder einen Römertopf legen und die Sauce darübergießen. Den Deckel auflegen, den Bräter in den kalten Backofen stellen und diesen auf 150 °C aufheizen. Das Gericht 3–4 Stunden garen lassen (und den Duft genießen).

SELLERIEMUS Die Spitze des Knollenselleries abschneiden, den Sellerie würfeln und in leicht gesalzenem Wasser in 10–15 Minuten weich garen. Abseihen und die Selleriestücke mit der Butter und nach Belieben mit dem Meerrettich zerstampfen. Mit Salz und Pfeffer abschmecken.

Die Kräuter fein hacken und in eine Schüssel legen. Den Knoblauch dazupressen, die Zitronenschale hinzufügen. Alles verrühren und vor dem Servieren über das Gericht streuen.

Schwedisches Wurstgericht

Das ist ein Lieblingsgericht der Kinder, aber ich muss zugeben, dass ich es auch liebe.

4 PERSONEN

500 g Wurst mit hohem
  Fleischgehalt
1 große Knolle Sellerie
  (etwa 800 g)
2–3 EL Butter oder geschmacksneutrales Kokosöl
2 Zwiebeln
2 Knoblauchzehen
2 TL edelsüßes Paprikapulver
200 ml Schlagsahne
100 ml Vollmilch
100–150 g konzentriertes
  Tomatenpüree
1 EL Weißweinessig
Salz und frisch gemahlener Pfeffer

1 kleines Bund Schnittlauch

Die Wurst in Scheiben schneiden. Die Spitze der Sellerieknolle abtrennen und den Sellerie in Würfel von 1 × 1 cm schneiden. In einem Topf die Butter oder das Kokosöl zerlassen und die Selleriewürfel darin anbraten, bis sie etwas Farbe bekommen. Die Temperatur reduzieren. Die Zwiebeln und den Knoblauch grob hacken, dazugeben und alles gut durchrühren. Die Wurst und das Paprikapulver hinzufügen und untermischen.

Wenn die Wurst Farbe bekommen hat, die Sahne, die Milch, das Tomatenpüree und den Essig dazugeben. Mit Salz und Pfeffer würzen. Etwa 5 Minuten köcheln lassen, bis die Sauce schön cremig ist. Mit Salz und Pfeffer abschmecken. Den Schnittlauch in feine Röllchen schneiden und über das Gericht streuen.

Nach Belieben Brokkoli-Frites (siehe Seite 58) als Gemüsebeilage dazureichen.

◉ Brokkoli-Frites
(siehe Seite 58)

Brokkoli-Frites

Die ganze Familie zu Brokkoli-Fans zu machen, kann ein schwieriges Unterfangen sein. Mit Brokkoli-Frites haben Sie jedoch gute Chancen.

1–2 Köpfe Brokkoli
100 ml Olivenöl
Salz

Den Backofen auf 200 °C Umluft vorheizen. Den Brokkoli putzen und den unteren Teil des Strunks abschneiden. Dann den Brokkoli mit Strunk in möglichst lange Streifen schneiden.

Die Brokkolistreifen in Öl wenden, auf ein mit Backpapier belegtes Backblech legen und mit reichlich Salz bestreuen. Im vorgeheizten Backofen etwa 25 Minuten backen, bis sie an den Spitzen braun sind.

Grüne Bohnenpäckchen
MIT SPECK UND CHIPOTLE-DIP

500 g tiefgekühlte
   grüne Bohnen
12 Scheiben Frühstücksspeck

FÜR DEN CHIPOTLE-DIP
200 g Mayonnaise
1 Knoblauchzehe, gepresst
1 TL geräuchertes
   Paprikapulver
   (siehe Seite 149)
½ TL Chipotle-Chilipulver

Den Backofen auf 200 °C Umluft vorheizen. Die tiefgekühlten Bohnen in Bündeln zu je 6–7 Stück mit je einer Scheibe Speck umwickeln. Mit einem Zahnstocher fixieren und auf ein mit Backpapier belegtes Backblech legen. Etwa 20 Minuten backen, bis der Speck gebraten ist und die Bohnen an den Enden Farbe bekommen haben.

Für den Chipotle-Dip alle Zutaten verrühren.

März, April, Mai

Während der dunkleren Monate des Jahres habe ich manchmal die Tendenz, mich etwas zu verkriechen, aber sobald die Tage wieder heller und länger werden, ist es, als ob die Welt sich wieder öffnet.

GEMÜTLICHKEIT IST GLEICH BROT

Ich esse seit fünf Jahren eine LCHF-inspirierte Kost und habe nie ein Problem damit gehabt. Mein Ziel war nie eine perfekte und fehlerfreie LCHF-Ernährung, sondern eher, kein Gluten und weniger Zucker zu konsumieren und dafür zu sorgen, dass ich genügend Fett esse, um mich satt und zufrieden zu fühlen. Das war bis jetzt ziemlich einfach.

Auf die größte Herausforderung stoße ich in meinem sozialen Umfeld. Alles in unserer Esskultur ist mit Kohlenhydraten verbunden. Bei einem gemütlichem Zusammensein essen wir Brot und Brötchen, wir essen Kuchen und Schaumküsse, wenn wir etwas feiern, wir trinken Kakao, wenn es draußen ungemütlich ist, essen Eis, wenn es warm ist, und bei einer Party trinken wir Bier oder Getränke mit viel Zucker. Manchmal fühlt es sich wie ein endlos langes Kohlenhydratfest an.

Es ist nicht sehr schön, außen vor zu sein. Es liegt in unserer Natur, sofort Gefahr zu wittern, wenn wir aus der Gemeinschaft ausgeschlossen werden. Als der Mensch noch in der freien Natur lebte, konnte der Ausschluss aus der Gruppe buchstäblich den Unterschied zwischen Leben und Tod bedeuten – um das Ganze jetzt mal ein bisschen dramatisch darzustellen. Der Punkt ist, dass wir als soziale Wesen gerne das Gefühl haben, dazuzugehören. Und wenn wir die Regeln und Rituale nicht befolgen, riskieren wir den sozialen Ausschluss. Das klingt in unserer modernen Welt vielleicht etwas merkwürdig, aber wir wären erstaunt, wenn uns bewusst wäre, wie viele unserer Reaktionen mit unseren Urinstinkten zusammenhängen.

Vielleicht bin ich deshalb etwas still und vorsichtig in Situationen, in denen wir uns in irgendeiner Form um die Zuckerschüssel versammeln. Mir ist bewusst, dass ich mit meiner Meinung in der Minderheit bin, und ich bin nicht hier, um jemanden zu überzeugen oder zu verurteilen, der eine andere Meinung hat und andere Entscheidungen trifft als ich.

Nachdem ich anfing, Bücher über LCHF zu schreiben, habe ich mehr und mehr gemerkt, dass Menschen in meinem Umfeld sich mir gegenüber gerne rechtfertigen wollen, dass das, was sie tun, in Ordnung ist: »Man muss sich doch auch mal was gönnen«, »Man soll ja auch nicht fanatisch werden«, »Es ist ja nur einmal im Jahr Weihnachten, Geburtstag, Ostern oder Fastnacht«. Und ich kann ihnen da nur zustimmen. Ich rechtfertige auch nie meine Entscheidungen, sofern jemand mich nicht gezielt darauf anspricht. Das Thema Essen ist eine heikle Sache, und man tritt leicht ins Fettnäpfchen, wenn man nicht vorsichtig ist.

Ich würde auch nie mein eigenes Essen irgendwohin mitbringen, denn ich möchte ja nicht herausstechen. Ich esse dann einfach das, was ich möchte. Wenn ich bei einem Geburtstag oder einem gemütlichen Beisammensein im Kindergarten, in der Schule oder im Hort bin, trinke ich meist nur Kaffee oder Tee, aber darum habe ich in der Regel nicht weniger Spaß.

STRATEGIEN

Wann es am besten passt, deutlich zu werden oder einfach zu essen, was auf den Tisch kommt, ist eine ganz persönliche Entscheidung. Ihre eigene Strategie sollte zu Ihnen,

Ihrer Situation und Ihren Prioritäten passen.

Hier habe ich einige Strategien gesammelt, die ich selbst in verschiedenen Situationen anwende. Dabei wäge ich jedes Mal ab, welche in diesem Moment die beste ist.

- **SEIEN SIE DEUTLICH**
Sie können deutlich und offen bezüglich Ihrer Ernährung sein und sagen, dass es Ihnen einfach besser geht, wenn Sie keine Kohlenhydrate in Form von Getreide, Stärke und Zucker essen. Bitten Sie Ihre Umgebung, das zu respektieren. Ich selbst sage manchmal, dass ich kein Gluten esse, und da scheiden ja schon viele Kohlenhydratquellen aus. Und ich habe noch nie erlebt, dass jemand das nicht versteht oder respektiert.

- **SAGEN SIE NEIN**
Es ist in Ordnung, Nein zu sagen. Je mehr Sie selbst davon überzeugt sind, desto überzeugender kommt Ihr Nein rüber. Sie können es auch begründen, brauchen das aber nicht. »Nein, danke« ist eine klare Antwort. Es könnte ja sein, dass Sie in diesem Moment gerade keine Lust auf Kuchen haben, und das ist doch wohl in Ordnung.

- **ÜBERLEGEN SIE, AUS HÖFLICH-KEIT ZU ESSEN**
Eine Mahlzeit ist ja ein äußerst soziales und auch emotionales Ereignis. Möglicherweise haben Sie selbst schon mal für Gäste gekocht, die nur im Essen herumstocherten oder es nicht anrührten. Das sollte ja eigentlich kein Problem sein, aber es ist schon ein wenig schwer zu ertragen, wenn man sich die Mühe in der Küche gemacht hat. Deswegen komme ich manchmal in Situationen, wo ich aus Höflichkeit mitesse. Dabei macht es für mich allerdings einen Unterschied, ob die Gastgeber einfach nur etwas beim Bäcker gekauft oder eigens für mich einen besonderen Kuchen oder meinen Lieblingsnachtisch zubereitet haben.

- **NEHMEN SIE EIN WENIG VON ALLEM**
Bei manchen Abendgesellschaften kann man den Teller mit dem füllen, was man gerne essen möchte. Bei anderen sieht es komisch aus, wenn man beim Auftragen Kartoffeln, Reis oder Pasta ablehnt. Ich fülle meinen Teller mit ein wenig von allem. Den größten Teil machen Gemüse, Fleisch und Sauce aus, den kleinsten Kartoffeln, Reis oder was immer serviert wird. Dann lasse ich das, was ich nicht essen möchte, auf dem Teller. Auf diese Weise ist es nicht so auffällig. Aber meistens esse ich das, was ich genommen habe. Von ein paar Kartoffeln oder einer Portion Reis sterbe ich ja nicht.

- **LADEN SIE GÄSTE EIN ODER KOCHEN SIE MIT**
Laden Sie selbst zum Essen ein, bestimmen Sie, was es gibt. Sie können aber auch Ihre Hilfe beim Kochen anbieten und so etwas Einfluss auf das Menü bekommen. Oder Sie bieten an, einen Nachtisch oder eine Gemüsebeilage mitzubringen. Das macht sicher einen wesentlich besseren Eindruck, als mit seinem eigenen Essen in einem Behälter aufzutauchen. Das Buch, das Sie in den Händen halten, eignet sich z. B. hervorragend als Gastgeschenk, und wer weiß? Vielleicht bekommen Sie auf diese Weise plötzlich einen neuen Verbündeten.

- ESSEN SIE SICH ZU HAUSE SATT

Falls Sie zu Kaffee und Kuchen eingeladen werden und Sie schon vorher wissen, dass dies eine der Gelegenheiten ist, wo Sie aus Höflichkeit mitessen werden, ist es eine gute Idee, sich schon zu Hause ordentlich satt zu essen. Das ist das genaue Gegenteil zu »das Frühstück überspringen oder weniger Fett essen, damit später noch Platz für ein Stück Kuchen ist ...« – ein Gedanke, der immer noch tief im Unterbewusstsein eines jeden ehemaligen Kalorienzählers sitzt. Indem man sich vorher satt isst, verhindert man, dass der Blutzuckerspiegel sinkt, und isst daher weniger. Ein Stück Kuchen auf leeren Magen lässt hingegen den Blutzuckerspiegel in die Höhe schießen, und Sie riskieren, im Heißhunger alles zu verdrücken, was auf dem Tisch steht.

- MENTALES TRAINING

Dies ist einer der wichtigsten Punkte und sollte viel höher auf der Liste stehen. Es geht darum, sich selbst beizubringen, dass ein Stückchen Kuchen nicht bedeutet, dass nun alles ruiniert ist und man deswegen gleich den Rest des Tages, der Woche und des Monats mit Schokolade und Bonbons weitermachen kann. Nichts ist ruiniert! Sie können sehr wohl zwischendurch ein wenig Kuchen oder Süßigkeiten essen und trotzdem abnehmen, das Gewicht halten oder gesund und in guter Form bleiben. Wenn Sie sich allerdings jedes Mal, wenn Sie ein wenig von Ihrer LCHF-Ernährung abgewichen sind, gleich mit Süßem vollstopfen, dann wird es zu einem Problem.

ICH KONNTE MICH AM KAFFEETISCH NICHT BREMSEN – WAS NUN?

Haben Sie sich trotzdem viel zu oft am Kuchenbuffet bedient, und das Ganze hat in einer Zuckerorgie geendet, bei der Sie Dinge gegessen haben, die Sie eigentlich aus Ihrem neuen, qualitätsbewussten Leben verbannt haben? Denken Sie jetzt, dass die ganze Mühe nun umsonst war? Das war sie keineswegs, und Sie sind deswegen weder ein schlechter noch ein schwacher Mensch. Lassen Sie es hinter sich und gehen Sie weiter. Im großen Ganzen gesehen bedeutet das nichts. Das Beste, was Sie jetzt für sich tun können, ist, das Geschehene zu akzeptieren und nach vorne zu schauen. Glauben Sie nicht, jetzt weniger essen und mehr Sport treiben zu müssen, um es wieder auszugleichen. Das müssen Sie nicht. Essen Sie ganz normal – und vielleicht sogar ein bisschen mehr –, denn in den nächsten Tagen ist es besonders wichtig, dass Sie richtig satt sind, um dem Heißhunger auf Süßes, der in der Phase des Zuckerentzugs auftreten kann, zu widerstehen. Wenn Sie Kalorien oder Fett einsparen, kann es passieren, dass Sie allein schon von dem Geruch in die Zuckerfalle tappen. Konzentrieren Sie sich stattdessen ein paar Tage ganz auf eine solide, gute LCHF-Ernährung, bei der Sie essen, wenn Sie Hunger haben, und aufhören, wenn Sie satt sind. Dann wird Ihr Appetit sich sicherlich wieder regulieren.

◉ Körnerbrot mit Zucchini (siehe Seite 72)

◉ Geflügelsalat mit Frühstücksspeck (siehe Seite 68)

Curry-Hering mit roter Zwiebel und Gartenkresse (siehe Seite 69)

GEFLÜGELSALAT
MIT FRÜHSTÜCKSSPECK

Geflügelsalat ist mein Lieblingsessen auf dem Ostertisch. In diesem Rezept wird er mit knackigem, grünem Spargel und einem köstlichen, fetten Dressing zubereitet.

4 PERSONEN

500 g Hühnerfleisch oder Hähnchenbrustfilet (oder gegarte Reste vom Vortag, dann entfällt der erste Rezeptschritt)
1 EL Salz
150 g Frühstücksspeck
6 Stangen grüner Spargel
150 g weiße Champignons
Butter oder Kokosöl zum Braten

FÜR DAS DRESSING
100 g Mayonnaise
100 g Crème fraîche (38 % Fett)
2 TL Dijonsenf
Salz und frisch gemahlener Pfeffer

etwas Gartenkresse
frisch gemahlener schwarzer
   Pfeffer

In einem Topf das Geflügelfleisch mit dem Salz etwa 10 Minuten kochen. Abkühlen lassen und in kleine Würfel schneiden.

Den Backofen auf 225 °C vorheizen. Den Frühstücksspeck auf einem mit Backpapier belegten Backblech verteilen und etwa 12 Minuten braten. Sobald der Speck knusprig ist, herausnehmen und auf Küchenpapier abtropfen lassen. Die abgekühlten, knusprigen Scheiben in kleinere Stücke zerbrechen.

Die harten Enden des Spargels entfernen und den Rest fein schneiden. In kochendes, leicht gesalzenes Wasser geben. Nach einigen Minuten abseihen und den Spargel in kaltem Wasser abkühlen lassen. Auf Küchenpapier abtropfen lassen. Einige Stücke zum Garnieren beiseitelegen. Die Champignons säubern, in feine Scheiben schneiden und in einer Pfanne in etwas Butter oder Kokosöl weich braten. Auf Küchenpapier abtropfen und abkühlen lassen.

DRESSING Für das Dressing in einer großen Schüssel alle Zutaten verrühren und das Geflügelfleisch, den Speck, den Spargel und die Champignons dazugeben. Gut vermischen.

Das Gericht mit dem restlichen Spargel und etwas Gartenkresse garnieren und mit frisch gemahlenem schwarzem Pfeffer bestreuen.

CURRY-HERING
MIT ROTER ZWIEBEL UND GARTENKRESSE

Kein Ostertisch ohne Hering! Hier haben wir Heringsfilets in einem cremigen, zuckerfreien Currydressing.

4 PERSONEN

2 Gläser marinierter Hering
½ grüner Apfel
4 EL gute Mayonnaise
4 EL Crème fraîche (38 % Fett)
1 EL Currypulver
½ TL gemahlene Kurkuma
1 EL Kapern
2 TL Sukrin Melis
Salz und frisch gemahlener Pfeffer

1 rote Zwiebel, fein gehackt
etwas Gartenkresse

Die Heringe aus der Lake nehmen und auf Küchenpapier abtropfen lassen. In mundgerechte Stücke schneiden.

Den Apfel entkernen und in kleine Würfel schneiden. Zusammen mit den übrigen Zutaten in einer Schüssel vermischen. Anschließend den Hering unterheben.

Den Curry-Hering in eine Servierschüssel füllen und mit der roten Zwiebel und etwas Gartenkresse bestreuen. Nach Belieben Körnerbrot mit Zucchini (siehe Seite 72) dazureichen.

Kalte Mittagstarte
MIT LACHS UND GARNELEN

Das Besondere an dieser Tarte ist, dass der Boden nur aus Eiern und Butter besteht. Dadurch ist sie sehr sättigend und für den Mittagstisch gut geeignet.

4–6 PERSONEN

FÜR DEN BODEN
5 Eier
150 g Butter
2 EL Schnittlauchröllchen
frisch gemahlener Pfeffer

FÜR DIE FÜLLUNG
200 g Crème fraîche (38 % Fett)
2 reife Avocados
100 g Räucherlachs
100 g Eismeergarnelen

etwas Dill
etwa 70 g Seehasenrogen
   oder roter Kaviar
1 Zitrone

BODEN Für den Boden die Eier hart kochen, abkühlen lassen, pellen und grob hacken. Die Butter zerlassen und mit den Eiern, dem Schnittlauch und etwas Pfeffer vermengen. Die Masse in eine Springform füllen und für einige Stunden in den Kühlschrank stellen, bis sie fest ist.

FÜLLUNG Die Crème fraîche auf den Tortenboden streichen. Die Avocados halbieren, entsteinen und das Fruchtfleisch in Scheiben schneiden. Diese auf der Crème-fraîche-Schicht verteilen. Den Räucherlachs in Streifen schneiden und darauflegen. Die Garnelen darauf verteilen.

Die Tarte mit Dill und Rogen garnieren. Die Zitrone achteln und zu der Mittagstarte reichen.

KÖRNERBROT

MIT ZUCCHINI

Auf den Ostertisch gehört ein Körnerbrot, und dieses Zucchinibrot ist eine gute Alternative zu herkömmlichem Roggenbrot.

1 BROT

150 g Leinsamen
200 g Sonnenblumen-
  kerne
150 g Kürbiskerne
100 g Sesamsamen
50 g Kartoffelfasern
1 EL getrockneter
  Rosmarin
1–2 TL Salz
1 kleine Zucchini
4 Eier
50 ml Olivenöl

Den Backofen auf 160 °C vorheizen.

In einer Schüssel die Samen und Kerne mit den Kartoffelfasern, dem Rosmarin und dem Salz vermengen. Die Zucchini grob reiben, die Eier verquirlen. Beides zur Kernmischung geben. Das Öl hinzufügen und unter-mischen, sodass ein klebriger Teig entsteht. Den Teig in eine mit Backpapier ausgelegte Brotform füllen.

Das Brot etwa 1 Stunde im Backofen backen. Anschließend herausnehmen und auf einem Kuchengitter abkühlen lassen.

TIPP: Das Brot in Scheiben schneiden und diese mit jeweils einem Stück Butterbrotpapier dazwischen einfrieren. So können Sie bei Bedarf einzelne Scheiben entnehmen.

Falscher Kartoffelsalat

MIT FRISCHEN ERBSEN

Vielleicht ist Kartoffelsalat ein Gericht, das man nicht verändern sollte. Neue Kartoffeln sind ja eine Delikatesse. Trotzdem bekommen Sie hier eine Version mit Blumenkohl und Zucchini, wobei der Geschmack vor allem in dem fetten Dressing sitzt.

4 PERSONEN

500 g Blumenkohl
1 Zucchini
1 kleines Bund Radieschen
250 g junge Erbsen, gepalt

FÜR DAS DRESSING
3 EL Mayonnaise
5 EL Crème fraîche (38 % Fett)
1 EL Dijonsenf
2 TL Zitronensaft
2 TL Sukrin Melis
Salz und frisch gemahlener Pfeffer

2–3 EL Schnittlauchröllchen zum
   Garnieren

Den Blumenkohl in kleine Röschen teilen, die Zucchini klein würfeln und die Radieschen in Scheiben schneiden. Das Gemüse in eine Schüssel geben (einige Radieschenscheiben zum Garnieren beiseitelegen).

DRESSING In einer Schüssel alle Zutaten für das Dressing verrühren, dann unter das Gemüse mischen. Die Erbsen auf dem Salat verteilen.

Mit den beiseitegelegten Radieschenscheiben und den Schnittlauchröllchen garnieren.

Lachsschnitten

MIT MEERRETTICHCREME

Lachsschnitten sind ein beliebtes Gericht auf dem Ostertisch. Sie lassen sich schnell zubereiten.

4 PERSONEN

200 g Frischkäse
2 EL frisch geriebener Meerrettich
Salz und frisch gemahlener Pfeffer
8–10 dünne Scheiben Gemüsebrot
   (siehe Seite 38)
200 g Räucherlachs

Brunnenkresse zum Garnieren

Den Frischkäse mit dem Meerrettich verrühren. Mit Salz und Pfeffer abschmecken. Vor dem Servieren etwa 1 Stunde ziehen lassen.

Die Gemüsebrotscheiben toasten. Den Räucherlachs in 8–10 Stücke schneiden und ein Stück auf jede Brotscheibe legen. Einen Klecks Meerrettichcreme auf jede Lachsschnitte geben, den Rest in einer Schale dazureichen. Die Schnitten mit Brunnenkresse garnieren.

Gerührtes Tatar
MIT BÄRLAUCHCREME

In meiner Jugend in Paris habe ich viel Tatar gegessen, und ich freue mich jedes Mal, wenn ich es wieder auf dem Mittagstisch habe.

8-10 KLEINE HAPPEN

FÜR DAS TATAR
250 g Rindfleisch für Tatar
2 Eigelb
1 Schalotte
1 kleines Bund glatte Petersilie
8–10 Cornichons
1–2 EL Kapern
1 EL frisch geriebener Meerrettich
1 EL grobkörniger Dijonsenf
1 EL kalt gepresstes Olivenöl
1–2 TL Tabasco
Salz und frisch gemahlener Pfeffer

8–10 Blätter Romanasalatherzen
    zum Anrichten

FÜR DIE BÄRLAUCHCREME
150 g Mayonnaise
1 Knoblauchzehe
5–7 Bärlauchblätter
1 TL Weißweinessig
1 TL Sukrin

TATAR In einer Schüssel das Fleisch und das Eigelb gut verrühren. Die Schalotte, die Petersilie, die Cornichons und die Kapern fein hacken und zusammen mit den übrigen Zutaten zu dem Fleisch in die Schüssel geben. Alles gut verrühren.

Das Tatar mit Senf, Tabasco, Salz und Pfeffer abschmecken und auf den Salatblättern anrichten.

BÄRLAUCHCREME Alle Zutaten für die Creme in einem Mixer oder einer Küchenmaschine mixen. Zum Tatar reichen.

Nach Belieben Körnerbrot mit Zucchini (siehe Seite 72) dazu servieren.

GURKENSALAT
MIT FETA UND GRANATAPFEL

Dieser wunderbare Salat kombiniert Salziges mit Frischem und Süßem und passt sowohl als grüne Beilage auf dem Mittagstisch als auch als kleine Vorspeise.

4 PERSONEN

2 EL Olivenöl
100 g Mandeln
2–3 TL Salz
2 Salatgurken
200 g Fetakäse
1 großes Bund Minzeblätter
Kerne von ½ Granatapfel

In einer Pfanne bei mittlerer Temperatur das Olivenöl erhitzen und die Mandeln darin wenden. Mit dem Salz bestreuen und umrühren, bis die Mandeln goldgelb sind. Herausnehmen und auf Küchenpapier abkühlen lassen.

Die Gurken längs halbieren und die Kerne mit einem Löffel herausschaben. Die Gurken mit dem Kartoffelschäler oder einem Gemüsehobel in lange Streifen schneiden und diese in eine Schale legen.

Den Fetakäse in kleine Stücke schneiden oder brechen und mit den Gurkenstreifen vermengen. Die Minze hacken. Den Salat mit der Minze und den Salzmandeln bestreuen und mit den Granatapfelkernen garnieren.

BRUSCHETTA
AUF AUBERGINENBODEN

Man kann Bruschetta auch ohne Brot zubereiten. Hier habe ich die Füllung auf gegrillte Auberginenscheiben gelegt.

4 PERSONEN

FÜR DEN BELAG
5–6 große Tomaten
2 Knoblauchzehen
1 Handvoll Basilikumblätter
Salz und frisch gemahlener Pfeffer

FÜR DEN AUBERGINENBODEN
1–2 Auberginen
Olivenöl zum Bestreichen

FÜR DIE BEILAGE
200 g frischer Mozzarella
etwas kalt gepresstes Olivenöl

BELAG Für den Belag die Tomaten in kleine Würfel schneiden und abtropfen lassen. Den Knoblauch pressen, das Basilikum hacken. Die Tomaten, den Knoblauch und etwa die Hälfte des Basilikums mischen und mit Salz und Pfeffer würzen. Die Tomatenmischung 1 Stunde bei Zimmertemperatur ziehen lassen, dann bei Bedarf mit Salz abschmecken.

AUBERGINENBODEN Für den Auberginenboden die Aubergine in etwa 1 cm dicke Scheiben schneiden. Mit Olivenöl bestreichen und in einer Grillpfanne braten. Mit Salz und Pfeffer bestreuen. Die Scheiben herausnehmen, wenn sie etwas Farbe bekommen haben und weich sind. Auf Küchenpapier abtropfen lassen und auf einen Teller legen.

Die Tomatenmischung auf den Auberginenscheiben verteilen und mit etwas gehacktem Basilikum bestreuen.

BEILAGE Für die Beilage den Mozzarella in Scheiben schneiden und auf einem weiteren Teller anrichten. Mit Olivenöl beträufeln und mit Salz und Pfeffer würzen. Mit dem restlichen Basilikum bestreuen.

TIPP: Sie können für den Boden auch gegrillte Zucchinischeiben verwenden.

Weisser Spargel
MIT KNUSPRIG GEBRATENEM SCHINKEN UND SAUCE MOUSSELINE

Schöner weißer Spargel hat etwas Luxuriöses an sich. Hier servieren wir ihn mit knusprigem Schinken und einer himmlischen Sauce mousseline – einer Butter-sauce mit Sahne. Besser kann es kaum werden.

4-6 PERSONEN

6 Scheiben geräucherter Serrano-
 schinken
400–500 g weißer Spargel
Salz

FÜR DIE SAUCE MOUSSELINE
100 ml Sahne
150 g Butter
2 Eigelb
Saft von ½ Zitrone
½ TL Salz

1 Bund Brunnenkresse zum
 Garnieren

Den Backofen auf 200 °C vorheizen. Die Schinken-scheiben auf ein mit Backpapier belegtes Backblech legen und etwa 12 Minuten backen, bis sie knusprig sind.

Die Enden vom Spargel abschneiden, die Stangen säubern, schälen und im Ganzen in eine Schüssel geben. Etwas Salz hinzufügen. Anschließend mit kochendem Wasser übergießen und einige Minuten darin ziehen lassen. Das Wasser abseihen und den Spargel mit kaltem Wasser übergießen, damit er knackig bleibt.

SAUCE MOUSSELINE Für die Sauce die Sahne steif schlagen. In einem Topf die Butter bei niedriger Temperatur zerlassen, dann vorsichtig in eine Schüs-sel gießen und darauf achten, dass der Bodensatz nicht mit hineinkommt. Den Topf gründlich säubern und darin das Eigelb mit dem Zitronensaft und dem Salz verschlagen. Bei niedriger Temperatur unter ständigem Rühren vorsichtig erwärmen. Sobald die Eimasse schaumig ist, den Topf vom Herd nehmen und nach und nach unter intensivem Rühren mit dem Schneebesen die flüssige Butter dazugeben (oder ei-nen Stabmixer verwenden). Zuletzt die steif geschla-gene Sahne unter die Sauce heben.

Den Spargel mit einigen Löffeln Sauce mousseline und dem knusprigen Schinken auf Serviertellern an-richten. Mit etwas Brunnenkresse garnieren.

Gedämpfter Lachs
MIT DILLSAUCE UND SPARGEL

Wenn wir den Lachs schonend behandeln, können wir sicher sein, dass die guten Omega-3-Fett-säuren im Fisch erhalten bleiben. Hier wird der Lachs mit einer feinen Buttersauce mit Dill serviert.

4 PERSONEN

4 Portionsstücke Lachsfilet
   (à 150 g)
1 Bund Frühlingszwiebeln
10 g Ingwer
Saft von ½ Zitrone
Salz und frisch gemahlener Pfeffer

FÜR DEN SPARGEL
700 g grüner Spargel

FÜR DIE DILLSAUCE
1 Schalotte (etwa 30 g)
50 ml trockener Weißwein
abgeriebene Schale und Saft von
   ½ unbehandelten Zitrone
50 ml Sahne
125 g weiche Butter
1 kleine Handvoll Dill

Den Lachs abbrausen und trocken tupfen. Die Frühlingszwiebeln in kleinere Stücke schneiden, den Ingwer schälen und fein hacken. Beides in eine große Pfanne mit Deckel geben. Die Lachsfilets darauflegen, mit Zitronensaft beträufeln und mit Salz und Pfeffer würzen. Etwa 400 ml Wasser dazugeben. Das Wasser ohne Deckel zum Kochen bringen. Sobald es kocht, den Deckel auflegen und die Temperatur reduzieren. Alles etwa 8 Minuten zugedeckt köcheln lassen; auf dem Lachs sollen sich kleine weiße Perlen bilden. Anschließend den Fisch und die Frühlingszwiebeln herausnehmen und warm stellen.

SPARGEL Die harten Enden vom Spargel abschneiden und die Stangen in eine Schüssel legen. Salzen und mit kochendem Wasser übergießen. Den Spargel einige Minuten im Wasser liegen lassen, dann abseihen und kaltes Wasser über den Spargel gießen.

DILLSAUCE Für die Dillsauce die Schalotte fein hacken und zusammen mit dem Wein, dem Zitronensaft und der Zitronenschale in einen Topf geben. Zum Kochen bringen und auf etwa 1 EL Flüssigkeit einkochen lassen. Den Topf vom Herd nehmen und die Sahne unterrühren. Die Butter würfeln und nach und nach unter ständigem Rühren hinzufügen. Den Topf bei Bedarf bei niedriger Temperatur kurz wieder auf den Herd stellen; es sollte eine cremige Sauce entstehen. Mit Salz und Pfeffer abschmecken. Den Dill fein hacken und unterheben.

Den Lachs zusammen mit dem Spargel und den Frühlingszwiebeln auf vier Tellern anrichten und mit reichlich Dillsauce begießen.

TIPP: Bewahren Sie übrig gebliebene Sauce in einer Glasschüssel im Kühlschrank auf. Dann haben Sie beim nächsten Mal eine köstliche kalte Kräuterbutter.

LAMMKEULE
MIT KNOBLAUCH UND INGWER

Die Zubereitung des Osterlamms fängt schon früh morgens mit dem Marinieren des Fleisches an. Dafür braucht man dann den Rest des Vormittags kaum darauf aufzupassen.

1 Lammkeule (etwa 1,5 kg)
6 Knoblauchzehen

FÜR DIE MARINADE
4 Knoblauchzehen
abgeriebene Schale von
  1 unbehandelten Zitrone
1 Stück Ingwer (3–4 cm),
  frisch gerieben
1 EL Flockensalz
3 EL Olivenöl
reichlich frisch gemahlener Pfeffer

Die Haut des Fleisches mit einem scharfem Messer einschneiden und einige Male einstechen. Den Knoblauch in dünne Scheiben schneiden und in die Löcher stecken, sodass das Lamm den Geschmack des Knoblauchs gut annimmt.

MARINADE Für die Marinade den Knoblauch pressen und mit den übrigen Zutaten für die Marinade in einer kleinen Schüssel verrühren. Die Lammkeule rundum mit der Marinade einreiben, auf einen Teller oder in einen Gefrierbeutel legen und für mindestens 2 Stunden in den Kühlschrank stellen. (Falls Sie zu spät angefangen haben, können Sie diesen Punkt auch überspringen.)

Die Lammkeule in eine gefettete ofenfeste Form geben und im heißen Ofen insgesamt 3–3 ½ Stunden braten. Dabei nach 30 Minuten 100 ml kochendes Wasser dazugießen, dann die Lammkeule weitere 2 ½–3 Stunden braten und etwa einmal pro Stunde das Fleisch mit etwas Bratensaft aus der Form begießen. Die Lammkeule ist fertig, wenn sie eine Kerntemperatur von 72 °C hat (mit einem Fleischthermometer prüfen!). Sie sollte auf keinen Fall länger im Ofen bleiben. Herausnehmen und vor dem Aufschneiden 20 Minuten ruhen lassen.

◉ Blumenkohlsalat mit Zitrone und Basilikum (siehe Seite 90)

Brokkolisalat mit Radieschen und Avocado (siehe Seite 91)

BLUMENKOHLSALAT

MIT ZITRONE UND BASILIKUM

Sie sollten diesen Salat nicht nach seinem Aussehen beurteilen. Was ihm an Schönheit fehlt, macht er durch Geschmack wieder wett. Geben Sie ihm also eine Chance!

4 PERSONEN (ALS BEILAGE)

1 Blumenkohl (500–600 g)
100 ml kalt gepresstes Olivenöl
abgeriebene Schale und Saft von
  1 unbehandelten Zitrone
Salz und frisch gemahlener Pfeffer
1 große Handvoll Basilikumblätter
1 große Handvoll glatte Petersilie
3 EL Kapern

Den Blumenkohl quer in dünne Scheiben schneiden und grob hacken.

In einer Schüssel das Olivenöl, den Zitronensaft, die Zitronenschale sowie Salz und Pfeffer verrühren und den Blumenkohl in dem Dressing wenden.

Die Kräuter hacken und unter den Salat mischen. Mit Salz und Pfeffer abschmecken. Vor dem Servieren die Kapern darüberstreuen.

BROKKOLISALAT
MIT RADIESCHEN UND AVOCADO

Dieser einfache Salat ist voller Aroma und gleichzeitig eine prima Möglichkeit, viel von dem guten Brokkoli zu essen. Er ist auch zum Abendbrot als Beilage geeignet.

4 PERSONEN (ALS BEILAGE)

1 Brokkoli
Salz
1 Bund Radieschen
1 reife Avocado

FÜR DAS DRESSING
100 ml kalt gepresstes Olivenöl
abgeriebene Schale von 1 unbehandelten Zitrone
Saft von ½ Zitrone
2–3 EL Zitronen-Balsamico (oder
   weißer Balsamico)
frisch gemahlener Pfeffer

Den Brokkoli in kleine, mundgerechte Rös-chen schneiden, die nicht unbedingt gleich groß sein müssen. Die Röschen in einen Topf legen, mit Salz bestreuen und mit ko-chendem Wasser übergießen. Einige Minu-ten ziehen lassen. Dann abseihen, die Brokkoliröschen mit kaltem Wasser ab-spülen und in eine Schüssel legen.

DRESSING Alle Zutaten für das Dressing verrühren und die Brokkoliröschen darin wenden. Auf Tellern anrichten.

Die Radieschen in feine Scheiben schnei-den und über den Salat geben. Die Avocado halbieren und entsteinen. Das Fruchtfleisch klein würfeln und kurz vor dem Servieren auf dem Salat verteilen.

MÄRZ, APRIL, MAI

PFANNKUCHENTORTE

MIT FRISCHEN BEEREN

Eine Torte aus Pfannkuchen finde ich einfach wunderbar. Diese mache ich immer zu meinem Geburtstag Ende März, auch wenn es für frische Beeren dann eigentlich noch etwas früh ist.

4-6 PERSONEN

4 Eier
4 Eiweiß (das Eigelb für ein
  Frühstück verwenden)
150 ml Kokosmilch
3 EL Kokosmehl
abgeriebene Schale von
  1 unbehandelten Orange
2 EL Orangensaft
½ TL Vanillepulver
1½ EL Sukrin
Butter oder Kokosöl zum Braten

FÜR DIE FÜLLUNG

500 ml Sahne
1 EL Sukrin Melis
1 TL Vanillepulver
150 g Himbeeren
400 g Erdbeeren
1 Banane (kann weggelassen werden, um die Kohlenhydratmenge
  zu reduzieren)

125 g Blaubeeren
125 g Himbeeren
8–10 Minzeblätter

Alle Zutaten für die Pfannkuchen zu einem glatten Teig verrühren. Der Teig wird durch das Kokosmehl etwas dickflüssig; man kann ihn also nicht im Voraus zubereiten. In einer Pfanne (etwa 24 cm Ø) etwas Butter oder Kokosöl erhitzen und nacheinander darin acht Pfannkuchen backen.

FÜLLUNG Für die Füllung die Sahne mit dem Sukrin Melis und dem Vanillepulver steif schlagen. Die Himbeeren mixen oder mit der Gabel zerdrücken und mit der Hälfte der Sahne zu einer rosafarbenen Creme vermischen. Die Erdbeeren und die Banane in Scheiben schneiden.

Um die Torte aufzubauen, jeweils einen Pfannkuchen abwechselnd mit etwas Vanille- oder Himbeersahne bestreichen und mit Erdbeeren und Bananen belegen. Den obersten Pfannkuchen mit Vanillesahne bestreichen und mit Blaubeeren, Himbeeren und fein gehackter Minze garnieren.

TIPP:
Ich nehme für gewöhnlich sechs Pfannkuchen für die Torte. Der Teig reicht zwar für mehr, aber so kann man erst einmal mit wenigen Pfannkuchen üben.

Rhabarber-Trifle

MIT MASCARPONECREME

Als wir Frühlingsdesserts durchprobiert haben, kam das Rhabarber-Trifle bei meinen Kindern ganz klar auf Platz eins!

4 PERSONEN

400 g Rhabarber (etwa
   8 große Stangen)
400 g Erdbeeren
2 EL Sukrin
2 TL Vanillepulver

FÜR DIE MASCARPONECREME
3 Eigelb
2 EL Sukrin Melis
½ TL Vanillepulver
350 g Mascarpone

etwa 20 g ungesalzene
   Pistazien, gehackt
1 EL grobes Rohlakritzpulver

Den Rhabarber schälen, die Erdbeeren putzen. Beides in mundgerechte Stücke schneiden. In einen Topf geben und mit dem Sukrin, dem Vanillepulver und 50 ml Wasser zum Kochen bringen. Etwa 15 Minuten köcheln lassen. Abkühlen lassen und mit einem Stabmixer mixen. Das Fruchtmus im Kühlschrank gut kühlen.

MASCARPONECREME Für die Mascarponecreme das Eigelb mit dem Sukrin Melis und dem Vanillepulver zu einer luftigen Masse aufschlagen. Den Mascarpone unterrühren.

Das Fruchtmus und die Mascarponecreme abwechselnd in vier Serviergläser schichten. Mit Mascarponecreme abschließen und kurz vor dem Servieren mit Pistazien und Lakritz bestreuen.

⊙ Ostereier mit selbst gemachtem Marzipan (siehe Seite 98)

⊙ Ostereier mit Erdnussbutter

⊙ Ostereier mit Lakritzmarzipan (siehe Seite 98)

Ostereier MIT ERDNUSSBUTTER

In diesen Ostereiern versteckt sich eine süße Überraschung in Form einer köstlichen, trüffelartigen Erdnussbuttermasse.

12 STÜCK

250 g Erdnussbutter mit Stücken (oder andere Nussbutter)
3 EL Kokosmehl
1 EL Yacon-Sirup
1 Prise Vanillepulver

FÜR DEN ÜBERZUG

100–150 g dunkle Schokolade
50 g gesalzene Erdnüsse, fein gehackt

Eine kleine Schüssel mit warmem Wasser füllen und das Glas Erdnussbutter hineinstellen. Das macht sie weicher und leichter zu verarbeiten. Nun die Erdnussbutter mit den übrigen Zutaten vermengen und die Masse zu kleinen Eiern formen. Die Eier zum Festwerden in den Kühlschrank stellen (am besten über Nacht).

ÜBERZUG Für den Überzug die Schokolade über dem heißen (nicht kochenden!) Wasserbad schmelzen und jedes Ei mithilfe von zwei Gabeln hineintauchen. Auf einen mit Backpapier belegten Teller legen, mit den gehackten Erdnüssen bestreuen und trocknen lassen. Bis zum Servieren im Kühlschrank aufbewahren.

⊙ Ostereier mit Himbeermarzipan (siehe Seite 98)

TIPP:
Legen Sie eine Handvoll Erdnüsse auf einen Teller mit Backpapier und gießen Sie den Rest der geschmolzenen Schokolade darüber. Stellen Sie das Ganze in den Kühlschrank und Sie bekommen knackige Snickers-Happen.

Ostereier
MIT SELBST GEMACHTEM MARZIPAN

Diese Ostereier haben schon viel Begeisterung hervorgerufen – sogar bei meinem Vater, der ansonsten ein großer Fan von Marzipanbrot von Anthon Berg ist. Außerdem sind sie einfach zuzubereiten, sodass man dafür auch die Kinder einspannen kann. Wenn ich mit einer anschließenden Verkostung locke, kommen meine Kinder ganz freiwillig mit in die Küche.

12 KLEINE OSTEREIER

200 g Mandelmehl
2 EL Sukrin Melis
1 TL Mandelaroma (nach Belieben)
1 Eiweiß

FÜR DEN ÜBERZUG
100–150 g dunkle Schokolade
1 TL Kokosöl

Für die Eier das Mandelmehl mit dem Sukrin Melis und nach Belieben mit dem Mandelaroma vermengen. Das Eiweiß hinzufügen und mit der Hand kneten, bis ein fester, leicht fettiger Marzipanteig entsteht.

Den Teig zu kleinen Ostereiern formen. Nach Möglichkeit die Marzipaneier in den Kühlschrank stellen, bevor sie mit der Schokolade überzogen werden. So sind sie leichter zu handhaben.

ÜBERZUG Für den Überzug die Schokolade grob hacken und zusammen mit dem Kokosöl in einer Schüssel über dem heißen Wasserbad schmelzen. Die Marzipaneier mithilfe von zwei Gabeln in die Schokolade tauchen. Auf einen mit Backpapier belegten Teller legen und zum Festwerden in den Kühlschrank stellen.

VARIANTE: LAKRITZMARZIPAN
Die Eier nach dem Grundrezept herstellen, aber zusätzlich 1–2 EL Rohlakritzpulver unter das Marzipan mischen. Die Eier, wie beschrieben, mit Schokolade überziehen und mit etwas Lakritzpulver bestreuen.

VARIANTE: HIMBEERMARZIPAN
Die Eier nach dem Grundrezept herstellen, aber zusätzlich 70 g tiefgekühlte Himbeeren aufkochen, vollständig abkühlen lassen, fein pürieren und unter das Marzipan mischen. Die Eier, wie beschrieben, mit Schokolade überziehen und mit gefriergetrockneten Himbeeren bestreuen.

⊙ Reines Marzipan ⊙ Lakritzmarzipan

⊙ Himbeermarzipan ⊙ Erdnussbutter (siehe Seite 97)

WARME BRÖTCHEN

Nach dänischer Tradition werden am Morgen des zwischen Ostern und Pfingsten gefeierten Buß- und Bettages spezielle warme Brötchen zum Frühstück gereicht. Und so kommt jedes Jahr dieselbe Frage: »Wie machen wir das mit LCHF?« Nun, wir backen sie einfach selbst. Diese Brötchen sind inzwischen ein großer Hit bei den Kindern (und ihren Freunden). Ich persönlich esse sie am liebsten halbiert, getoastet und mit Butter bestrichen.

8 BRÖTCHEN

6 große Eier
100 ml Kokosmilch oder Sahne
100 g Butter, zerlassen
150 g Kokosmehl
100 g Kartoffelfasern
100 g Mandelmehl
1–2 EL gemahlener Kardamom
2 TL Backpulver

1 Eigelb zum Bestreichen
etwas Kartoffelfasern zum
    Bestreuen

Die Eier mit der Kokosmilch oder Sahne verquirlen, die flüssige Butter dazugeben und gut untermischen. Die übrigen Zutaten hinzufügen und alles zu einem glatten Teig verrühren. Etwa 10 Minuten ruhen lassen.

Den Backofen auf 170 °C vorheizen.

Ein kleines Backblech mit hohem Rand mit Backpapier auslegen. Den Teig zu acht Kugeln formen und auf das Blech setzen, sodass sie sich berühren. Das Eigelb verquirlen und den Teig damit bestreichen. Mit Kartoffelfasern bestreuen und im heißen Ofen 25–30 Minuten backen, bis sie oben goldbraun sind.

Die Brötchen auf einem Kuchengitter abkühlen lassen, dann auseinanderbrechen. Nach Belieben aufschneiden, toasten und mit reichlich Butter bestreichen.

TIPP: Möchten Sie gerne süßere Brötchen haben? Geben Sie 1–2 EL Sukrin in den Teig!

JUNI, JULI, AUGUST

Wie die meisten anderen nutze ich den Sommer, um wieder aufzutanken. Ich genieße es, dass wir viel im Freien sein und auf der Terrasse essen können, Ausflüge an langen, hellen Sommerabenden machen und Freunde zum Abendessen zu Besuch haben.

SOMMERGERICHTE UND -GETRÄNKE

Alles wirkt im Sommer leichter als in den dunklen Wintermonaten, in denen mich schon bei dem Gedanken an schlechtes Wetter, Schneeanzüge, Schneematsch und feuchte Winterstiefel Müdigkeit überfällt.

Im Sommer meldet sich auch wieder die Lust auf leichtere Speisen. In diesem Punkt bin ich wirklich eine Saisonesserin. Nicht, dass ich ein Rumpsteak mit Sauce béarnaise im Sommer ablehnen würde, aber den größten Appetit habe ich auf grünere, leichtere Gerichte, viele frische Kräuter, feine kalte Crème-fraîche-Dressings und natürlich auf Fleisch mit Gemüse vom Grill.

Sommergerichte sind einfach und voller Geschmack. Mit den diversen Beeren, die plötzlich an allen Sträuchern und in allen Geschäften auftauchen, lassen sich außerdem ganz leicht viele himmlische Desserts zaubern. Es gibt nur wenige Desserts, die so gut schmecken wie Erdbeeren mit Schlagsahne und Vanillepulver. Und die Zubereitung dauert nur wenige Minuten!

ALKOHOL UND LCHF

Der Sommer ist für viele auch die Zeit der Abende mit kühlem Roséwein auf der Terrasse und vielen Snacks in der Dämmerung. Als Skandinavierin ist es für mich ganz natürlich, dass wir dieses Leben im Freien in vollen Zügen genießen, wenn wir so viele Monate im Jahr drinnen verbringen müssen. Aber Alkohol und ein gesundes Leben sind manchmal schwer miteinander zu vereinbaren, und viele kommen nach dem Sommer mit einem kleinen »Rosé-Bäuchlein« zurück.

In den 1980er-Jahren wurde der Franzose Michel Montignac wegen seiner erfolgreichen Abnehmmethode bekannt, deren Prinzipien darin bestanden, auf Zucker und schnelle Kohlenhydrate zu verzichten und sich stattdessen mit fettem Essen sowie mit Schokolade und Rotwein zu sättigen. (Das klingt in meinen Ohren nach einem köstlichen Konzept!) Dass Alkohol allerdings kein notwendiger Teil einer gesunden Lebensweise ist, darin sind wir uns wohl einig. Wenn Sie aber gerne einmal ein Glas Wein am Wochenende trinken – ich tue das auch –, dann bin ich die Letzte, die Sie verurteilt.

Im Rahmen der LCHF-Ernährung wählt man am besten trockene Weine, Spirituosen oder Drinks ohne Zucker. Angesichts der Kohlenhydrate ist es jedoch am klügsten, die Alkoholmenge zu minimieren. Dasselbe gilt auch, wenn man abnehmen will.

Denn unabhängig davon, welche Art der Ernährung man praktiziert, wird der Körper zuerst Alkohol verbrennen, bevor er irgendetwas anderes verbrennt. Isst man am Tag nur wenige Kohlenhydrate, kommt der Körper durch den Alkohol kurzfristig wieder aus der Ketose (dem Fettverbrennungszustand) heraus.

Viele merken auch, dass sie nach der Umstellung ihrer Ernährung auf LCHF weniger Alkohol vertragen, d. h. sie fühlen sich schon bei wesentlich geringeren Mengen Alkohol beschwipst. Das hat ja sowohl Vor- als auch Nachteile. Ich finde es z. B. gut, dass ich mich schon nach einem

Glas Wein in der Bar in Stimmung fühle. Andererseits ist das recht unpraktisch, wenn ich zu einem 5-Gänge-Menü mit dazugehörigem Wein eingeladen bin.

Es ist schon ziemlich unpassend, bereits nach der Vorspeise angetrunken zu sein. Dann mache ich es so, dass ich am Nachmittag etwas mehr Kohlenhydrate esse und auf diese Weise besser durch den Abend komme. Ich könnte natürlich auch jedes zweite Glas ablehnen, aber ich mag Wein, und ich liebe das Zusammenspiel von gutem Essen und dazu passendem Wein.

Über die Gründe für die geringere Alkoholtoleranz sind sich die Experten nicht einig. Einige führen sie darauf zurück, dass die Leber damit beschäftigt ist, Glukose und Ketonkörper zu bilden, und deshalb den Alkohol langsamer abbaut. Man sollte auf jeden Fall daran denken, wenn man zu einer Party geht und vielleicht dieselbe Menge Alkohol wie sonst trinken will. Außerdem sollte man das Auto lieber stehen lassen, auch wenn man nur ein einziges Glas getrunken hat.

SOMMERURLAUB – OH NEIN!

Wollen Sie in den Sommerurlaub fahren und überlegen Sie, ob es funktioniert, Ihre guten Ernährungsgewohnheiten mitzunehmen? Damit sind Sie nicht alleine. Denn diese Gewohnheiten beizubehalten, wenn wir zu Hause und Herr über die meisten unserer Mahlzeiten sind, ist eine Sache. Eine ganz andere ist es, wenn wir uns auf einem Campingplatz, in einem Ferienhaus, unterwegs im Wohnmobil oder in einem Hotel mit Vollverpflegung befinden.

Im Folgenden habe ich meine besten Tipps für die Urlaubsreise zusammengestellt: was ich von zu Hause mitnehme und was ich mache, wenn wir am Urlaubsziel angekommen sind. Dies ist kein fertiges Lösungsmodell, sondern eher eine Ideensammlung dafür, wie man dieses Thema angehen kann.

TIPPS FÜR DEN URLAUB

• KEEP IT SIMPLE

Es ist nicht zwangsläufig schwierig, auch im Urlaub LCHF-inspiriert zu essen. Für eine gute, sättigende Mahlzeit brauchen Sie nichts weiter als Fleisch, Eier, Geflügel oder Fisch, Gemüse und Fett wie Butter und/oder Öl. Sofern Sie Ihren Urlaub nicht beim Bergsteigen im Himalaja verbringen, sollten Sie diese Dinge überall bekommen können.

• FETT!

Das Schwierigste ist meiner Ansicht nach, genügend Fett zu essen. Denn wenn ich Low Carb/Low Fat esse, werde ich hungrig, mürrisch und lethargisch. Deshalb habe ich immer ein Glas Kokosöl in meinem Rucksack. Kokosöl lässt sich leicht mitnehmen, da es bei jeder Temperatur aufbewahrt werden kann. Ich gebe immer einen Löffel davon in den Kaffee oder Tee. Ansonsten ergänze ich meine Ernährung mit etwas mehr Nüssen als sonst. Nüsse kann man überall kaufen.

• VERPFLEGUNG FÜR DIE REISE

Es ist unangenehm, wenn man seinen Urlaub mit einer langen Anreise beginnt und die einzige Nahrung aus Sandwiches, dem Angebot im Flugzeug oder Rastplatz-Snacks besteht. Ich reise daher gerne mit einer »Notfallbox« mit Salamistücken,

Käsewürfeln, Gemüsestangen und Nüssen. So kann ich mir jederzeit eine Mahlzeit zusammenstellen, die mich für die nächsten drei bis vier Stunden satt hält. Natürlich sind das nicht unbedingt besonders ausgewogene Mahlzeiten, aber das Wichtigste ist, nicht in die Sandwich-Falle geraten zu sein.

• DIE AMBITIONEN SENKEN

Dieser Punkt ist in meinen Augen der wichtigste. Man muss akzeptieren, dass es im Urlaub anders ist als zu Hause. Und das ist gut so. Andererseits darf man natürlich auch nicht völlig in die Urlaubsfalle tappen und nur, weil der Lebensmittelladen vor Ort keine Biobutter im Angebot hat, für den Rest des Urlaubs in Eis und Brot schwelgen. Senken Sie Ihre Ambitionen, aber erweisen Sie sich selbst den Dienst, an den Prinzipien festzuhalten.

Für mich ist es das Wichtigste, kein Gluten zu essen, und daran halte ich fest. Wenn wir in Thailand sind, enthält das Essen beispielsweise ziemlich viel Zucker. So ist das einfach in der Thai-Küche, und wenn ich nicht bereit wäre, das zu akzeptieren, dann müsste ich einfach zu Hause bleiben. Auf der anderen Seite hat man hier die Möglichkeit, viel Gemüse zu essen, und wenn man etwas taktisch geschickt bestellt, kann man auch den Eiweißgehalt seiner Gerichte auf ein gutes Niveau bringen. Und sollte sich einmal eine Portion Reis auf den Teller schleichen, dann ist das auch in Ordnung.

• DIE GEWOHNHEITEN IN DEN GRIFF BEKOMMEN

Ich persönlich habe nicht das Gefühl, dass das Essen an sich ein großes Problem darstellt. Es sind vielmehr die Gewohnheiten, die die größte Herausforderung im Urlaub darstellen. So ist beispielsweise für die meisten der Urlaub immer mit Eisessen verbunden, auch in unserer Familie.

In einem Jahr hatten wir drei Wochen Urlaub am Stück und haben daher einmal darüber gesprochen, wie wir es in dieser Zeit mit dem Eisessen halten wollen. Wenn wir den Kindern jeden Tag ein Eis gestatten würden, würden sie in diesem Monat 21 Portionen Eis essen. Daher änderten wir unsere Strategie und vereinbarten mit unseren Kindern, dass sie jeden Freitag Eis essen durften. Den Rest der Woche aßen wir stattdessen frisches Obst und tranken Fruchtshakes oder Smoothies gegen die Wärme.

Ob ich selbst im Urlaub Eis mit der Familie esse, hängt von dem jeweiligen Angebot ab. Wenn Eis ein Cornetto aus der Tiefkühltruhe bedeutet, mache ich es in der Regel nicht. Gibt es hingegen himmlisches italienisches Eis, erhöht sich die Wahrscheinlichkeit, dass ich auch davon esse. Auf diese Weise hat sich inzwischen auch ein Qualitätsbewusstsein in meinen Zuckerkonsum eingeschlichen. Früher habe ich diese synthetischen Süßigkeiten mit den unendlich vielen E-Nummern förmlich geliebt und hätte mir nie vorstellen können, dass sich das einmal ändern würde.

Inwieweit es für Sie funktioniert, ab und zu ein Eis zusammen mit der Familie zu essen, wissen Sie selbst am besten. Wenn es bei Ihnen so ist, dass es mit einem einzigen Eis mit der Familie beginnt und dann in einer Abwärtsspirale hin zu immer mehr Zucker endet, dann sollten Sie sich gründlich überlegen, ob das die Sache wert ist.

SELBST GEMACHTER
JOGHURT

Beeindrucken Sie Ihre Gäste mit einem selbst gemachten Joghurt. Sie werden Sie sicherlich um das Rezept bitten.

2,5 l Vollmilch
500 ml Schlagsahne
300 g Vollmilchjoghurt natur

Vollmilch und Sahne in einen großen Topf geben und auf 85 °C erhitzen. Vom Herd nehmen und abkühlen lassen. Wenn die Temperatur auf unter 45 °C gesunken ist, den Joghurt einrühren. Nun besteht die Kunst darin, die Temperatur des Joghurts in den nächsten 12–24 Stunden so nahe wie möglich an 37 °C zu halten. Nur bei einer gleichmäßigen Temperatur können sich die Joghurtbakterien richtig entwickeln.

Dazu kann man ein Dörrgerät verwenden oder den Backofen auf 50 °C aufheizen und dann ausschalten. Den Topf in den warmen Ofen stellen und das Licht darin anlassen. Nach 12–24 Stunden den Joghurt herausnehmen und im Kühlschrank aufbewahren.

Den Joghurt nach Belieben abtropfen lassen, wenn er besonders cremig werden soll. Dazu den Joghurt auf ein Stück Leinen, ein Baumwolltuch oder eine Stoffwindel geben und so lange abtropfen lassen, bis er die gewünschte Konsistenz hat.

Den Joghurt nach Belieben mit etwas Yacon-Sirup, gehackten Nüssen und Beeren servieren oder mit etwas Vanillepulver und Obst verrühren.

CHIAPUDDING
MIT GESCHMACK VON BUTTERMILCH-KALTSCHALE

Mit diesem herrlichen kalten Chiapudding holen wir uns den Geschmack der berühmten dänischen Buttermilch-Kaltschale auf den Frühstückstisch.

1 PERSON

2 EL Chiasamen
1 EL Hanfsamen
abgeriebene Schale und Saft von
   1 unbehandelten Zitrone
½ TL Vanillepulver
150 ml Kokoscreme
2–3 EL griechischer Joghurt
   (10 % Fett)
abgeriebene Schale und Saft von
   1 unbehandelten Zitrone
1–2 TL Sukrin Melis
5–6 Erdbeeren

ZUBEREITUNG ABENDS Chiasamen, Hanfsamen, Saft und Schale der Zitrone, Vanillepulver sowie die Kokoscreme in ein Glas geben und gut umrühren. Einige Minuten stehen lassen und noch einmal umrühren.
Das Glas mit einem Deckel verschließen und bis zum nächsten Morgen in den Kühlschrank stellen.

ZUBEREITUNG MORGENS Morgens den griechischen Joghurt mit der Zitronenschale, dem Zitronensaft und dem Sukrin Melis anrühren und alles unter den Chiapudding mischen. Die Erdbeeren putzen und in Scheiben schneiden. Auf dem Chiapudding oder schichtweise anrichten.

Nach Belieben ein weich gekochtes Ei zum Pudding servieren, um eine sättigende Mahlzeit zu erhalten.

TIPP: Wenn Ihr Mixer nicht der stärkste ist, können Sie die Gurke auch schälen, um eine glatt gemixte Suppe zu erhalten.

Kalte Gurken-Avocado-Suppe

MIT GARNELEN

Ein wirklich köstliches Sommergericht, das auch Kinder lieben.

4 PERSONEN

2 Gurken
Salz
1 kleine weiße Zwiebel
1 Avocado
100 g Vollmilchjoghurt natur
1 Handvoll Minzeblätter
1 Prise Cayennepfeffer
frisch gemahlener Pfeffer
1 Handvoll Eiswürfel

125 g Eismeergarnelen

Die Gurken in Stücke schneiden, mit etwas Salz bestreuen und 10–15 Minuten ziehen lassen.

Die Zwiebel grob hacken. Die Avocado halbieren, entsteinen und das Fruchtfleisch aus der Schale holen. Die Zwiebelstücke, die Avocado, die abgetropften Gurken und alle übrigen Zutaten in einen Mixer geben (einige Minzeblätter beiseitelegen) und zu einer cremigen Suppe verarbeiten. Mit Salz und Pfeffer abschmecken.

Die Suppe in Teller schöpfen und die Garnelen darauf verteilen. Die restliche Minze hacken und darüberstreuen. Nach Belieben eine Scheibe Bauernbrot (siehe Seite 144) dazu servieren.

⊙ Französische Vinaigrette
(siehe Seite 120)

⊙ Räucherkäse-Dip
(siehe Seite 151)

TARTE
MIT LACHS UND SPARGEL

Das Besondere an dieser Tarte ist ihr leicht knuspriger Boden. Lachs und Spargel sind eine herrliche Sommerkombination, aber in den kälteren Monaten lässt sich die Tarte auch gut mit Käse und Speck füllen.

4 PERSONEN

FÜR DEN BODEN
80 g Walnusskerne
100 g Sesamsamen
100 g Kartoffelfasern
50 g weiche Butter, mehr für die Form
1 Ei
1 TL Salz

FÜR DIE FÜLLUNG
150 g Lachs, vorgegart
100 g Räucherlachs
10 Stangen grüner Spargel
1 kleine Handvoll Thymian
3 Eier
200 g Crème fraîche (38 % Fett)
Salz und frisch gemahlener weißer Pfeffer

Den Backofen auf 150 °C vorheizen.

BODEN Für den Boden die Walnüsse in der Küchenmaschine zu Mehl mahlen. In eine Schüssel geben und mit dem Sesam und den Kartoffelfasern mischen. Die Butter, das Ei und das Salz hinzufügen und alles zu einem Teig verarbeiten. Mit den Händen zu einer Kugel formen. Eine kleine Tarteform mit Butter einfetten und den Teig in die Form drücken. Den Boden mit einer Gabel einstechen. Den Tarteboden im heißen Ofen 12 Minuten vorbacken. Herausnehmen.

FÜLLUNG Für die Füllung das Lachsfleisch auseinanderzupfen und den Räucherlachs in Streifen schneiden. Die Enden der Spargelstangen abtrennen und den Spargel schräg in Scheiben schneiden. Den Thymian fein hacken. In einer Schüssel die Eier, die Crème fraîche und den Thymian verrühren. Mit Salz und Pfeffer würzen.

Die Backofentemperatur auf 180 °C erhöhen. Den Lachs, den Räucherlachs und den Spargel auf dem Tarteboden verteilen und mit der Eimasse übergießen. Etwa 30 Minuten im heißen Ofen backen, bis die Eimasse goldbraun ist.

Die Tarte schmeckt warm oder kalt. Nach Belieben mit einem grünen Salat mit französischer Vinaigrette (siehe Seite 120) und dem sommerlichen Räucherkäse-Dip (siehe Seite 151) servieren.

Zucchini-Spaghetti

MIT AUBERGINENCHIPS UND MARINIERTEN ROTEN ZWIEBELN

Zucchini-Spaghetti sind immer eine tolle Beilage. Dieses Gericht ist auch für fleischlose Tage geeignet.

4 PERSONEN (ALS BEILAGE)

FÜR DIE MARINIERTEN ZWIEBELN
4 rote Zwiebeln
3 Knoblauchzehen
abgeriebene Schale von ½ unbehandelten Orange
1 Bund Thymian, fein gehackt
50 ml kalt gepresstes Olivenöl
50 ml Weißweinessig
2 EL roter Balsamicoessig
2 EL Orangensaft
1 TL Salz
5 Pfefferkörner

FÜR DIE ZUCCHINI-SPAGHETTI
3 Zucchini
250 g Kirschtomaten
1 Portion Avocadopesto (siehe
   Seite 198)
2–3 EL Kürbiskerne mit geräuchertem Paprikapulver (siehe
   Seite 149)

FÜR DIE AUBERGINENCHIPS
2 Auberginen
40 g Butter
1 Knoblauchzehe
1 EL fein gehackter Rosmarin
Salz und gemahlener Pfeffer

einige Basilikumblätter

MARINIERTE ZWIEBELN Mit den Zwiebeln beginnen. Die roten Zwiebeln und den Knoblauch in dünne Scheiben schneiden und zusammen mit der Orangenschale und dem Thymian in ein gut gereinigtes Glas geben. Die restlichen Zutaten zu einer Marinade verrühren und darübergießen. Die Zwiebeln gut mit der Marinade vermischen, das Glas schließen und die Zwiebeln vor dem Servieren einige Stunden ziehen lassen.

ZUCCHINI-SPAGHETTI Für die Zucchini-Spaghetti die Zucchini mit einem Kartoffelschäler in Streifen oder mit einem Spiralschneider in Spiralen schneiden. Die Kirschtomaten halbieren. Die Zucchini-Spaghetti mit den Kirschtomaten und dem Avocadopesto vermischen. Vor dem Servieren mit den Kürbiskernen bestreuen und mit Basilikumblättern garnieren.

AUBERGINENCHIPS Für die Auberginenchips die Auberginen mit einem Gemüsehobel oder einem scharfen Messer in etwa 5 mm dicke Scheiben schneiden.

Den Backofen auf 180 °C Umluft vorheizen. In einem kleinen Topf die Butter zerlassen. Den Knoblauch hacken. Den Knoblauch und den Rosmarin in die Butter rühren. Die Auberginenscheiben auf beiden Seiten mit der Buttermischung bestreichen und mit Salz und Pfeffer würzen. Die Scheiben auf mit Backpapier belegte Backbleche legen und 20–30 Minuten im Ofen backen. Eventuell nach einiger Zeit die Bleche umschichten, wenn der Backofen nicht gleichmäßig heizt.

Die Chips sofort mit den Zucchini-Spaghetti und den marinierten Zwiebeln servieren.

TIPP: Fehlen Ihnen Kartoffelchips? Dann probieren Sie doch einmal diese Chips aus Auberginen. Man muss sie allerdings sofort nach dem Backen essen, da sie schnell weich werden.

TIPP: Wenn Sie Fülle übrig haben, schmeckt diese hervorragend in Ihrem Frühstücksomelett.

Kalte Zucchini-Lasagne
MIT KRÄUTERCREME

Eine rohe Lasagne, wie man sie in Rawfood-Restaurants bekommt, schmeckt einfach himmlisch. Diese hier wurde mit einer dicken Kräutercreme aufgepeppt.

2-4 PERSONEN

3–4 Zucchini

FÜR DIE TOMATENSCHICHT
5 große, reife Tomaten
1 rote Chilischote
75 g sonnengetrocknete Tomaten
   (in Öl oder eingeweicht)
1 kleine Handvoll Basilikumblätter
1 EL Kokoszucker
50 ml kalt gepresstes Olivenöl
1 EL Zitronensaft
1 Knoblauchzehe
300–400 ml passierte Tomaten
etwas Kräutersalz

FÜR DIE SPINATSCHICHT
16 tiefgekühlte Spinat-Pellets, aufgetaut
2 EL kalt gepresstes Olivenöl
150 g ungesalzene Cashewkerne
etwas Salz

FÜR DIE KRÄUTERCREME
2 Knoblauchzehen
300 g Frischkäse
2 EL fein gehackte glatte Petersilie
1 EL fein gehackte Minze

Sonnenblumenkerne zum
   Bestreuen

Die Enden der Zucchini abtrennen, die Zucchini halbieren und mit einem Gemüsehobel oder einem breiten Käsehobel in dünne Scheiben schneiden.

TOMATENSCHICHT Für die Tomatenschicht die Tomaten würfeln, die Chilischote längs halbieren und die Samen entfernen. Die Tomatenwürfel, die Chilischote und die übrigen Zutaten in der Küchenmaschine oder im Mixer zu einer beliebig feinen Tomatensauce verarbeiten.

SPINATSCHICHT Alle Zutaten für die Spinatschicht in der Küchenmaschine vermengen. In einer Schüssel beiseitestellen.

KRÄUTERCREME Für die Kräutercreme den Knoblauch schälen, pressen und mit den übrigen Zutaten in einer Schüssel verrühren.

Als Boden der Lasagne 2–3 Zucchinischeiben quer auf einen Teller legen und nun die Lasagne in folgender Reihenfolge schichten: Zucchini – Kräutercreme – Zucchini – Tomatensauce – Zucchini – Spinatschicht … So fortfahren, bis alle Zutaten aufgebraucht sind. Die Lasagne mit einer Tomatenschicht abschließen und mit Sonnenblumenkernen bestreuen.

JUNI, JULI, AUGUST

FRISÉESALAT
MIT SPECK UND KÄSE

Die Franzosen sind richtige Salatkünstler. Sie bereiten ihre Salate einfach und mit wenigen Zutaten zu und wenden sie dann in einer Vinaigrette – und plötzlich hat man ein himmlisch schmeckendes Gericht.

2 PERSONEN

200 g Frühstücksspeck
1 kleiner Kopf Friséesalat
1 Schalotte
50 g Käse (z. B. Comté, Gruyere
   oder Emmentaler), gerieben

FÜR DIE VINAIGRETTE
1–2 TL Dijonsenf
2 EL Essig oder Zitronensaft
6 EL kalt gepresstes Olivenöl
Salz und frisch gemahlener
   Pfeffer

Den Speck in Streifen oder Würfel schneiden, in einer heißen Pfanne knusprig braten und auf Küchenpapier abtropfen lassen. Den Salat waschen, abtropfen lassen, zerpflücken und in eine Schüssel geben. Die Schalotte fein hacken und mit dem Speck auf dem Salat verteilen.

VINAIGRETTE Für die Vinaigrette den Senf in eine Schüssel geben und mit dem Essig oder Zitronensaft verrühren. Das Öl tropfenweise unter ständigem Rühren hinzufügen. Mit Salz und Pfeffer abschmecken und das Dressing über den Salat geben.

Den Salat gut im Dressing wenden und vor dem Servieren mit dem geriebenen Käse bestreuen.

ARTISCHOCKEN
MIT BUTTER

»Darf ich noch ein bisschen Butter nehmen, Mama?« »Ja, mein Schatz, das darfst du.« – Kinder, die in einer Familie mit großer Affinität zu Frankreich aufwachsen, lernen schon sehr früh, Artischocken mit Butter zu lieben.

4 PERSONEN

4 Artischocken
Salz
Saft von ½ Zitrone
etwa 150 g Butter

Die Artischocken waschen und den Stiel abschneiden, sodass der Boden flach wird. Die äußeren groben Blätter entfernen. In einem Topf (oder in zwei Töpfen) die Artischocken in leicht gesalzenem Wasser mit Zitronensaft etwa 40 Minuten kochen. Mit dem Boden nach oben auf einem sauberen Tuch abtropfen lassen.

Mit viel Butter servieren. Man isst Artischocken, indem man ein Blatt nach dem anderen abbricht, es in die Butter taucht und das Blatt durch die Schneidezähne zieht. Es schmeckt ein bisschen wie neue Kartoffeln mit Butter.

GEGRILLTE PAPRIKASCHOTEN
MIT THUNFISCH

Dieses Gericht enthält drei Dinge, die ich liebe: gegrillte Paprikaschoten, rosa gebratenen Thunfisch und Kapern. Für mich ist das der Geschmack des Sommers.

4 PERSONEN

FÜR DIE GEGRILLTEN PAPRIKASCHOTEN
6–8 Paprikaschoten (rot, orange oder gelb)
2 Knoblauchzehen
50 ml Olivenöl
Salz und frisch gemahlener Pfeffer

FÜR DIE THUNFISCHSTEAKS
3 große Thunfischsteaks
3 EL Olivenöl

FÜR DIE KAPERN-VINAIGRETTE
2 TL Dijonsenf
1–2 TL Kokoszucker oder Honig
3 EL roter Balsamicoessig
100 ml kalt gepresstes Olivenöl
3–4 EL Kapern

1 EL Kapern
Saft von 1–2 Limetten
2–3 EL gehackte Petersilie

PAPRIKASCHOTEN Die Paprikaschoten längs halbieren und die Samen entfernen. Den Knoblauch pressen und mit dem Öl in einer Schüssel verrühren. Die Paprikahälften mit dem Knoblauchöl bestreichen und mit Salz und Pfeffer würzen.

Die Paprikaschoten auf beiden Seiten auf dem heißen Grill grillen, bis sie dunkle Grillstreifen haben. Alternativ kann man sie auch im vorgeheizten Backofen bei zugeschalteter Grillfunktion grillen. Dazu die Paprika auf einem mit Backpapier belegten Backblech verteilen und 4–5 Minuten auf jeder Seite backen. (Dabei das Backblech gut beobachten, damit das Backpapier nicht Feuer fängt!) Die gegrillten Paprikahälften abkühlen lassen.

THUNFISCHSTEAKS Die Thunfischsteaks mit dem Öl bestreichen und mit Salz und Pfeffer würzen. Auf den heißen Grill oder in eine heiße Grillpfanne legen und etwa 3 Minuten (je nach Dicke der Steaks) auf jeder Seite braten. Thunfisch kann ruhig in der Mitte etwas rosa sein, denn wenn er ganz durchgebraten ist, wird er leicht trocken und langweilig. Die Steaks herausnehmen und in Scheiben schneiden.

VINAIGRETTE Den Senf in eine Schüssel geben und mit Kokoszucker oder Honig und Balsamicoessig verrühren. Das Öl tropfenweise unter ständigem Rühren untermischen. Zum Schluss die Kapern hinzufügen.

Etwas Kapern-Vinaigrette in jede Paprikahälfte geben, die Thunfischscheiben darauf verteilen und mit den Kapern bestreuen. Mit etwas Limettensaft beträufeln und mit Petersilie bestreuen.

Nach Belieben Paprikapesto (siehe Seite 152) dazureichen.

Heilbutt auf Minzebett

Wir haben eine riesige Minzepflanze auf der Terrasse. Wenn diese zurückgeschnitten werden muss, bereite ich immer Heilbutt auf Minzebett zu. Der zarte, weiße Fisch erhält durch die frische Minze einen fantastischen Geschmack. Das ist ein wunderbares Sommergericht!

4 PERSONEN

600 g Heilbuttfilets
Salz und frisch gemahlener Pfeffer
2 große Bund Minze

FÜR DIE KALTE MINZESAUCE
1 Handvoll Minzeblätter
1 Knoblauchzehe
200 g Crème fraîche (38 % Fett)
frisch gemahlener weißer Pfeffer

Die Heilbuttfilets mit Salz und Pfeffer würzen. Die Hälfte der Minze (inklusive Stängel) unten in ein Grillnetz legen. Den Heilbutt darauflegen und den Rest der Minzeblätter darauf verteilen. Das Netz schließen und den Fisch 4–5 Minuten auf jeder Seite grillen. (Den Vorgang ständig beobachten, damit die Minzeblätter kein Feuer fangen – das sage ich aus eigener bitterer Erfahrung!)

MINZESAUCE Die Minzeblätter fein hacken. Den Knoblauch schälen und pressen. Beides mit der Crème fraîche verrühren und mit Salz und Pfeffer abschmecken. Zum Heilbutt servieren.

Gegrillter Fenchel
MIT ZIEGENKÄSE

Der Anisgeschmack des Fenchels, der säuerliche Geschmack der Zitrone und der salzige Ziegenkäse sind eine unschlagbare Kombination.

4 PERSONEN

2 große Knollen Fenchel
abgeriebene Schale und Saft von
  ½ unbehandelten Zitrone
3 EL Olivenöl
1 EL frisch geriebener Ingwer
Salz und frisch gemahlener Pfeffer

1 Handvoll Dill, fein gehackt
1 Rolle Ziegenkäse (100 g)

Das Obere der Fenchelknollen abtrennen und diese dann längs in dünne Scheiben schneiden. Die übrigen Zutaten zu einer Marinade verrühren und die Fenchelscheiben darin wenden.

Die Fenchelscheiben auf dem heißen Grill braten, bis sie Farbe angenommen, aber noch etwas Biss haben. Im fein gehackten Dill wenden und mit Ziegenkäsescheiben servieren.

Kebab-Marinade
(siehe Seite 130)

⊙ Brokkoli-Taboulé (siehe Seite 130)

⊙ Lachs-Kebab (siehe Seite 130)

Lachs-Kebab am Spieß
MIT BROKKOLI-TABOULÉ

Wenn etwas am Spieß ist, dann essen die Kinder es. Das gilt auch für diese würzigen Lachsspieße. Zusammen mit dem herrlichen grünen Brokkoli-Taboulé ist dies eine schöne und farbenfrohe Mahlzeit.

4 PERSONEN

600 g Lachsfilets
2 unbehandelte Zitronen
Butter für die Form

FÜR DIE MARINADE
2 EL fein gehackter Oregano
1 TL gemahlener Kreuzkümmel
½ TL gemahlenes Chilipulver
1 TL Salz
3 EL Olivenöl
2 EL Tamari
2 EL Sesamsamen

FÜR DAS BROKKOLI-TABOULÉ
1 Brokkoli
1 große Handvoll glatte Petersilie
je 1 kleine Handvoll Minze- und
    Korianderblätter
abgeriebene Schale und Saft von
    1 kleinen unbehandelten Zitrone
75 ml kalt gepresstes Olivenöl
Salz und frisch gemahlener Pfeffer
1–2 EL Sesamsamen

FÜR DIE ZITRONEN-INGWER-BUTTER
150 g Butter
abgeriebene Schale und Saft von
    1 unbehandelten Zitrone
1 EL frisch geriebener Ingwer

Grillspieße oder Holzspieße, die
    1 Stunde in Wasser eingeweicht
    wurden

Den Backofen auf 170 °C vorheizen. Die Lachsfilets in große Würfel schneiden. Die Zitronen in dünne Scheiben schneiden. Die Zitronenscheiben falten und abwechselnd mit den Lachswürfeln auf die Spieße stecken.

MARINADE Alle Zutaten für die Marinade in einer Schüssel verrühren. Die Spieße mit der Marinade bestreichen und in eine gebutterte, ofenfeste Form legen. Im heißen Ofen 12–15 Minuten braten.

TABOULÉ Für das Taboulé den Brokkoli mit dem Strunk in Stücke schneiden und zusammen mit den Kräutern in der Küchenmaschine zerkleinern. Dann die Mischung noch einmal mit dem großen Messer in der Küchenmaschine vermengen. Dabei die Pulse-Funktion einsetzen, bis der Brokkoli gehackt ist, aber noch immer Struktur hat. Die Masse in eine Schüssel geben. Den Zitronensaft, die Zitronenschale, das Olivenöl sowie Salz und Pfeffer zu einem Dressing verrühren und zur Brokkoli-Kräuter-Mischung geben. Das Taboulé gut vermengen und vor dem Servieren mit dem Sesam bestreuen.

ZITRONEN-INGWER-BUTTER Für die Zitronen-Ingwer-Butter in einem kleinen Topf die Butter zerlassen und die Zitronenschale, den Zitronensaft sowie den Ingwer hinzufügen. Alles verrühren und in einer kleinen Schale zu den Spießen servieren.

Tequila-Limetten-Hähnchen
mit Avocado-Salsa

Dieses Hähnchen schmeckt nicht nach Tequila. Nur damit wir das gleich zu Beginn geklärt haben. Es schmeckt aber herrlich nach Mexiko.

4 PERSONEN

600 g Hähnchenfilet, möglichst mit Haut

FÜR DIE MARINADE
2 grüne Chilischoten
4 Knoblauchzehen
1 große Handvoll Korianderblätter
abgeriebene Schale und Saft von 3 unbehandelten Limetten
50 ml Tequila Gold
1 EL Kokossirup
2 EL Olivenöl
2 TL Salz

FÜR DIE AVOCADO-SALSA
3 reife Avocados
3 große reife Tomaten
1 Mango (nach Belieben)
1 große weiße Zwiebel
2 Knoblauchzehen
1 grüne Chilischote
Saft von 1 Limette
5–6 Tropfen Tabasco
1 Handvoll Korianderblätter
Salz und frisch gemahlener Pfeffer

FÜR DEN DIP
1 Stängel Zitronengras
1 Stück Ingwer (2 cm)
200 g Crème fraîche (38 % Fett)
abgeriebene Schale und Saft von 1–2 unbehandelten Limetten
½ TL Salz

MARINADE Für die Marinade die Chilischoten längs halbieren, von den Samen befreien und sehr fein würfeln. Den Knoblauch und die Korianderblätter fein hacken. In einer Schüssel alle Zutaten für die Marinade mischen. Die Hähnchenfilets mit der Rückseite eines großen Messers flach klopfen, damit sie sich leichter grillen lassen. Das Fleisch in die Schüssel mit der Marinade geben und gut damit vermischen. Die Schüssel abdecken und das Fleisch über Nacht im Kühlschrank marinieren. Am nächsten Tag die Hähnchenfilets auf einem Grill oder in einer Grillpfanne grillen, bis sie durchgebraten sind.

SALSA Für die Salsa die Avocados halbieren, entsteinen und das Fruchtfleisch in Würfel schneiden. Die Tomaten klein würfeln und abtropfen lassen. Nach Belieben die Mango schälen, das Fruchtfleisch vom Stein schneiden und in kleine Würfel schneiden. Die Zwiebel und den Knoblauch fein hacken. Die Chilischote längs halbieren, von den Samen befreien und sehr fein würfeln. Alle Zutaten für die Salsa in einer Schüssel mischen.

DIP Für den Dip das Zitronengras fein hacken, den Ingwer schälen und reiben. Alle Zutaten zu einem Dip verrühren und diesen vor dem Servieren kurz durchziehen lassen.

Das Hähnchenfleisch und die Salsa auf Tellern anrichten und den Dip dazureichen.

CÔTE DE BŒUF
MIT GEBRATENEM KNOBLAUCH UND BÉARNAISE-BUTTER

Ein feines Kotelett hat im Sommer natürlich auch seinen Platz auf dem Speiseplan. Kaufen Sie Ihr Côte de Bœuf bei einem guten Fleischer und servieren Sie es mit Béarnaise-Butter.

4 PERSONEN

FÜR DIE BÉARNAISE-BUTTER
200 g weiche Butter
3 TL Dijonsenf
1–2 EL Zitronensaft
3 EL fein gehackter Estragon
1 EL fein gehackte Schalotte

FÜR DAS FLEISCH
2 große Kotelettes
3 EL Olivenöl
Salz und frisch gemahlener Pfeffer

FÜR DEN GEBRATENEN KNOBLAUCH
10–12 Knoblauchzehen
Kokosöl oder Butter zum Braten
Flockensalz

BÉARNAISE-BUTTER Mit der Zubereitung der Butter beginnen, damit diese durchkühlen kann. In einer Schüssel die weiche Butter mit den übrigen Zutaten verrühren. Die Béarnaise-Butter auf ein Stück Backpapier geben und zu einem Zylinder rollen. Die Enden gut verdrehen und die Rolle in den Kühlschrank legen. Zum Servieren in Scheiben schneiden und zum Fleisch servieren.

FLEISCH Für das Fleisch den Grill gut vorheizen. Die Kotelettes mit Olivenöl einreiben und kräftig mit Salz und Pfeffer würzen. Auf jeder Seite 4–5 Minuten grillen. Herunternehmen und 5–10 Minuten ruhen lassen. Dann erneut auf den Grill legen und noch einmal insgesamt etwa 5 Minuten durchwärmen. Wieder herunternehmen und kurz ruhen lassen.

KNOBLAUCH Für den gebratenen Knoblauch den Knoblauch schälen und grob hacken. In einer Pfanne etwas Kokosöl oder Butter erhitzen und den Knoblauch darin goldbraun braten oder frittieren. Vor dem Servieren auf Küchenpapier abtropfen lassen. Mit Flockensalz bestreuen.

Nach Belieben gegrillten Spitzkohl (siehe Seite 136) dazureichen.

Gegrillter Spitzkohl
(siehe Seite 136)

Gegrillter Spitzkohl
MIT ZITRONENSCHALE UND RÄUCHERKÄSE

Gegrillter Kohl ist eine tolle Beilage zu einem Sommeressen. Vor allem in Kombination mit Zitrone und Räucherkäse.

4 PERSONEN

1–2 Köpfe Spitzkohl
70 g Butter
abgeriebene Schale und Saft von
  1–2 unbehandelten Zitronen
Salz und gemahlener Pfeffer
150 g Räucherkäse (am besten
  eine Vollfettvariante)

Den Spitzkohl längs in vier gleich große Stücke schneiden. In einem kleinen Topf die Butter langsam zerlassen und den Spitzkohl damit bestreichen. Die Zitronenschale und den Zitronensaft darüberträufeln. Mit Salz und Pfeffer würzen. Den Spitzkohl auf dem Grill von allen Seiten grillen, bis er schöne Grillstreifen hat.

Abkühlen lassen.

Den Räucherkäse würfeln. Den Spitzkohl auf einem Teller anrichten und mit dem Räucherkäse bestreuen.

Gegrillter Zucchini-salat
MIT PARMESAN UND PINIENKERNEN

Dieser gegrillte Salat ist ein weiteres herrliches Sommergericht. Versprechen Sie mir, dass Sie ihn probieren!

4 PERSONEN

3–4 Zucchini
4 EL Olivenöl
Salz und frisch gemahlener Pfeffer
1 Handvoll Basilikumblätter
etwas roter Balsamicoessig

50 g Parmesan
30 g Pinienkerne

Die Zucchini-Enden abtrennen und die Früchte in lange dünne Scheiben schneiden. Diese im Olivenöl wenden und mit Salz und Pfeffer bestreuen.

Die Zucchini-Scheiben in einer heißen Grillpfanne oder auf dem Grill braten, bis sie deutliche, dunkle Streifen haben. Etwas abkühlen lassen.

Das Basilikum hacken und mit den Zucchini-Scheiben vermischen. Den Balsamicoessig darüber träufeln.

Den Parmesan hobeln. Die Pinienkerne in einer Pfanne ohne Fett rösten. Den Zucchini-Salat damit bestreuen.

Spinatsalat
MIT ERDBEEREN UND AVOCADO

Eine Schüssel Salat mit dem Geschmack des dänischen Sommers.

4 PERSONEN

200 g Spinatblätter
1 Knolle Fenchel
1 kleine Handvoll Basilikumblätter
2 reife Avocados
100 g Erdbeeren
1 EL Blaumohn

FÜR DAS DRESSING
50 ml kalt gepresstes Olivenöl
abgeriebene Schale und Saft von
    ½ unbehandelten Zitrone
1 TL Yacon-Sirup oder Honig
etwas Salz

Den Spinat waschen und trocken schütteln. Die beiden Enden des Fenchels abschneiden, die Knolle halbieren und quer in dünne Scheiben schneiden. In einer Salatschüssel den Spinat mit dem Fenchel und der Hälfte der Basilikumblätter vermischen.

Die Avocados halbieren, entsteinen und das Fruchtfleisch würfeln. Unter den Salat mischen. Die Erdbeeren putzen, vierteln und zum Salat geben.

DRESSING Alle Zutaten verrühren und mit dem Salat vermengen.

Den Salat mit den restlichen Basilikumblättern garnieren. Zuletzt den Mohn darüberstreuen.

Rucolasalat
MIT GRAPEFRUIT, PISTAZIEN UND FETAKÄSE

Ein himmlischer Sommersalat mit säuerlich-salzigem Geschmack.

4 PERSONEN

200 g Rucola
100 g Kopfsalat
1 rote Grapefruit
100 g Fetakäse
50 g ungesalzene Pistazien
1 kleines Bund Minze

FÜR DAS DRESSING
50 ml kalt gepresstes Olivenöl
50 ml Himbeeressig
etwas Salz

Den Rucola und den Kopfsalat waschen und mit Küchenpapier trocken tupfen. Grob zerpflücken und in eine Salatschüssel geben.

DRESSING Alle Zutaten verrühren und mit dem Salat vermengen.

Die Grapefruit schälen und die weiße Haut mit einem kleinen Messer entfernen. Das Fruchtfleisch filetieren. Den Feta zerkrümeln. Die Pistazien grob hacken, die Minze fein hacken.

Die Grapefruit, den Feta, die Pistazien und die Minze auf dem Salat verteilen.

⊙ Pico de gallo (siehe Seite 143)

⊙ Guacamole (siehe Seite 142)

Mehlfreie Tortillas (siehe Seite 143)

Fajitas mit Rindfleisch (siehe Seite 142)

Fajitas mit Rindfleisch

Fajitas sind mein Lieblingsgericht aus der mexikanischen Küche. Man kann sie auch ganz ohne Tortillas essen, aber hier finden Sie eine mehlfreie Alternative.

4 PERSONEN

FÜR DIE MARINADE
600–800 g Flankensteak (Rinder-
   lappen)
3 Knoblauchzehen
50 ml Tamari (glutenfreie Sojasauce)
50 ml Limettensaft (6–8 Limetten)
2 EL Kokoszucker
2 TL gemahlener Kreuzkümmel

FÜR DIE GUACAMOLE
3 reife Avocados
1 Knoblauchzehe, fein gehackt
Saft von 1 Limette
1 Tomate, gewürfelt
½ TL gemahlenes Chilipulver
2 EL fein gehackte Korianderblätter
Salz und frisch gemahlener
   Pfeffer

FÜR DAS PAPRIKAGEMÜSE
2 rote Paprikaschoten
1 gelbe Paprikaschote
1 grüne Paprikaschote
2 Zwiebeln
Kokosöl zum Braten
Saft von ½ Limette

200 g Crème fraîche (38 % Fett)
200 g Hartkäse, gerieben

MARINIERTES FLEISCH Für die Marinade den Knoblauch pressen und mit den übrigen Zutaten verrühren. Das Fleisch darin 5–6 Stunden oder über Nacht ziehen lassen.

Den Grill anheizen oder eine Grillpfanne erhitzen und das Fleisch 3–4 Minuten auf jeder Seite grillen, bis es eine schöne Bratenkruste bekommt. Vom Grill nehmen und 4–5 Minuten ruhen lassen, dann in dünne Streifen schneiden.

GUACAMOLE Die Avocados für die Guacamole halbieren und entsteinen. Das Fruchtfleisch in einer Schüssel zusammen mit dem Knoblauch und dem Limettensaft mit der Gabel grob zerdrücken. Mit den übrigen Zutaten verrühren.

PAPRIKAGEMÜSE Für das Paprikagemüse die Paprikaschoten halbieren und von den Samen befreien. Die Paprikahälften und die Zwiebeln in dünne Ringe bzw. Scheiben schneiden. In einer Pfanne etwas Kokosöl erhitzen und das Gemüse darin weich braten. Den Limettensaft darüberträufeln. Mit Salz und Pfeffer abschmecken.

Das gebratene Gemüse auf einem großen Teller verteilen und die Fleischstreifen darauflegen. Dazu Guacamole, Crème fraîche und geriebenen Käse in kleinen Schalen sowie Pico de gallo und mehlfreie Tortillas (beide Rezepte siehe rechte Seite) servieren.

MEHLFREIE TORTILLAS

Diese Tortillas werden etwas spröde, wodurch sie sich nur schwer rollen lassen. Andererseits kann man sie dafür gut als Taco-Shells verwenden.

6 STÜCK

4 EL Mandelmehl
100 g Kartoffelfasern
1 EL Flohsamenschalen
1 TL Salz
30 g Butter
2 Eier
1 kleine Handvoll Korianderblätter (nach Belieben)

Den Backofen auf 180 °C Umluft vorheizen.

In einer Schüssel das Mandelmehl, die Kartoffelfasern, die Flohsamenschalen und das Salz mischen. Die Butter zerlassen und hinzufügen. Die Eier dazugeben. Nach Belieben den Koriander fein hacken und ebenfalls dazugeben. Alles gut mit dem Handrührgerät verrühren. Etwa 100 ml kochendes Wasser hinzufügen, dabei weiterrühren.

Den Teig in sechs runden Fladen auf einem mit Backpapier belegten Backblech verteilen. Mit einem in kaltes Wasser getauchten Teigschaber so dünn wie möglich glatt streichen (oder die Fladen mit Backpapier bedecken und mit einer Teigrolle flach pressen).

Etwa 12 Minuten im Backofen backen, bis die Ränder goldgelb sind. Herausnehmen, die Tortillas mit einem Küchenspachtel vom Backpapier lösen und abkühlen lassen. Zu den Fajitas servieren.

.

PICO DE GALLO

… oder auch Tomatensalsa – es gibt viele Namen dafür!

600 g große reife Tomaten
1 Zwiebel
1 rote Chilischote
1 grüne Chilischote
1 großes Bund Koriander
Saft von 1–2 Limetten
1–2 TL Salz

Die Tomaten würfeln und abtropfen lassen. Die Zwiebel schälen und fein hacken. Die Chilischoten längs halbieren, die Samen entfernen und das Fruchtfleisch fein würfeln. Den Koriander fein hacken.

In einer Schüssel alle Zutaten vermischen und vor dem Servieren etwas durchziehen lassen. Mit Salz abschmecken.

BAUERNBROT
MIT CHORIZO UND ZWIEBELN

Bauernbrot passt meiner Meinung nach sehr gut in die LCHF-Ernährung. Hier ist eine Version mit Chorizo und Zwiebeln.

1 BROT

100 g Haselnusskerne
50 g Sonnenblumenkerne
100 g Butter
5 Eier
100 g Crème fraîche (38 % Fett)
100 g Kartoffelfasern
3 EL Kokosmehl
3 EL Flohsamenschalen
1 TL Salz
50 g Parmesan, gerieben
50 g Chorizo, in dünnen Scheiben
1 rote Zwiebel, in dünnen Ringen
1–2 EL gehackter Rosmarin
Flockensalz

Den Backofen auf 170 °C vorheizen.

Die Haselnuss- und Sonnenblumenkerne in der Küchenmaschine zu Mehl mahlen. Die Butter zerlasssen. Die Eier mit der Crème fraîche verrühren, dann die flüssige Butter hinzufügen. Das Nussmehl, die Kartoffelfasern, das Kokosmehl, die Flohsamenschalen und das Salz dazugeben und zu einem Teig verrühren. Zum Schluss den Parmesan untermischen.

Den Teig in eine mit Backpapier ausgelegte Springform füllen. Die Oberfläche mit einem feuchten Teigschaber glätten. Die Chorizoscheiben und die Zwiebelringe in den Teig drücken und mit dem Rosmarin und dem Flockensalz bestreuen.

Das Brot 35–40 Minuten backen, bis es leicht goldgelb ist. Herausnehmen und auf einem Kuchengitter abkühlen lassen.

Salatkerne und Nüsse

Ich bereite ab und zu verschiedene Salatkerne und -nüsse zu, die ich dann in dicht schließenden Gläsern in der Küche aufbewahre. Auf diese Weise kann ich auch einen etwas langweiligen Salat immer noch aufpeppen. Hier sind vier meiner Favoriten:

⊙ Kürbiskerne mit geräuchertem Paprikapulver (siehe Seite 149)

⊙ In Tamari geröstete Sonnenblumenkerne (siehe Seite 148)

⊙ Geröstete Haselnüsse
(siehe Seite 148)

⊙ Currymandeln
(siehe Seite 149)

In Tamari geröstete Sonnenblumenkerne

1 GLAS

200 g Sonnenblumenkerne
50 ml Tamari (glutenfreie Soja-
    sauce)
1 EL fein gehackter Rosmarin
1 Prise Cayennepfeffer
1 TL Kokoszucker

Den Backofen auf 150 °C vorheizen.

In einer Schüssel alle Zutaten mischen. Die Mischung auf einem mit Backpapier belegten Backblech verteilen. Die Kerne 15 Minuten im heißen Ofen rösten, bis sie knusprig sind. Zwischendurch wenden.

Das Blech herausnehmen und die Kerne abkühlen lassen. Anschließend in ein verschließbares Glas füllen.

Geröstete Haselnüsse

1 GLAS

200 g Haselnusskerne

Den Backofen auf 150 °C vorheizen.

Die Haselnüsse auf einem mit Backpapier belegten Backblech verteilen. Etwa 15 Minuten im heißen Ofen rösten, bis sie trocken und knusprig sind. Zwischendurch wenden.

Das Blech herausnehmen und die Haselnüsse abkühlen lassen. Anschließend in ein verschließbares Glas füllen.

KÜRBISKERNE
MIT GERÄUCHERTEM PAPRIKAPULVER

1 GLAS

200 g Kürbiskerne
1 EL Olivenöl
1–2 TL geräuchertes
   Paprikapulver
Salz

Den Backofen auf 150 °C vorheizen.

Die Kürbiskerne auf einem mit Backpapier belegten Backblech verteilen und 10 Minuten im heißen Ofen rösten. Herausnehmen und die Kerne mit dem Olivenöl beträufeln. Mit dem Paprikapulver sowie etwas Salz bestreuen und wenden. Dann weitere 5 Minuten rösten.

Das Blech herausnehmen und die Kürbiskerne abkühlen lassen. Anschließend in ein verschließbares Glas füllen.

CURRYMANDELN

1 GLAS

200 g Mandeln (ohne Haut)
1 EL Olivenöl
1 EL gutes Currypulver
Salz

Den Backofen auf 150 °C vorheizen.

Die Mandeln auf einem mit Backpapier belegten Backblech verteilen und 10 Minuten im heißen Ofen rösten.

Herausnehmen und die Mandeln mit dem Olivenöl beträufeln. Mit dem Currypulver sowie etwas Salz bestreuen und wenden. Dann weitere 5 Minuten rösten.

Das Blech herausnehmen und die Mandeln abkühlen lassen. Anschließend in ein verschließbares Glas füllen.

⊙ Räucherkäse-Dip mit Schnittlauch

⊙ Dip mit geräuchertem Paprikapulver

⊙ Dill-Dip

3 herrliche Sommerdips

Mit diesen fantastischen Sommerdips im Kühlschrank haben Sie immer etwas zusätzliches Fett und extra viel Geschmack für Ihre Sommergerichte zur Hand.

RÄUCHERKÄSE-DIP MIT SCHNITTLAUCH

1 GLAS

200 g Crème fraîche (38 % Fett)
100 g Räucherkäse, zerdrückt
1 Knoblauchzehe, gepresst
3 EL Schnittlauchröllchen
Salz und frisch gemahlener
  weißer Pfeffer

DIP MIT GERÄUCHERTEM PAPRIKAPULVER

1 GLAS

200 g Mayonnaise
1 Knoblauchzehe, gepresst
1 TL edelsüßes Paprikapulver
2 TL geräuchertes Paprikapulver
Salz und frisch gemahlener
weißer Pfeffer

DILL-DIP

1 GLAS

200 g Crème fraîche (38 % Fett)
4 EL fein gehackter Dill
2 TL Zwiebelpulver
1 TL Sukrin Melis
Salz und frisch gemahlener
  weißer Pfeffer

ZUBEREITUNG FÜR ALLE DREI DIPS In einer Schüssel jeweils alle Zutaten verrühren und mit den Gewürzen sowie mit Salz und frisch gemahlenem Pfeffer abschmecken. In einem verschließbaren Glas aufbewahren. Die Dips halten sich im Kühlschrank etwa 1 Woche.

Paprikapesto

Die gegrillten Paprikaschoten verleihen diesem Pesto eine herrliche Süße. Verwenden Sie es nach Belieben zu allen Sommergerichten.

1 GLAS

3 rote Paprikaschoten
2 EL Olivenöl
2 Knoblauchzehen
50 g sonnengetrocknete
   Tomaten
50 g Parmesan
50 g Pinienkerne, geröstet
100 ml kalt gepresstes Olivenöl
1 EL Zitronensaft
Salz und frisch gemahlener
   Pfeffer

Die Paprikaschoten halbieren, die Samen entfernen und das Fruchtfleisch in große, flache Stücke schneiden. Mit dem Öl bestreichen und auf dem Grill oder im vorgeheizten Backofen bei zugeschalteter Grillfunktion schwarz grillen (im Ofen benötigen sie dafür 5–6 Minuten).

Die Paprikastücke herausnehmen und abkühlen lassen. Vorsichtig die Haut abziehen und die Paprika zusammen mit den übrigen Zutaten in der Küchenmaschine bis zur gewünschten Konsistenz verarbeiten. In einem dicht schließenden Glas kann man das Pesto bis zu 1 Woche im Kühlschrank aufbewahren.

TIPP: *Probieren Sie auch einmal eine schärfere Version mit Chili aus!*

Eiskaffee

Es gibt wohl nichts Besseres, als an einem warmen Sommertag mit einem kalten Eiskaffee auf der Terrasse zu sitzen.

2 GLÄSER

150–200 ml Schlagsahne
300–400 ml kalter starker Kaffee
3 Tropfen Sweet Drops mit Toffee-
    geschmack
Eiswürfel

gemahlener Zimt zum Bestreuen

Die Hälfte der Schlagsahne steif schlagen und beiseitestellen.

Den Kaffee und die restliche Schlagsahne zusammen mit den Sweet Drops und einigen Eiswürfeln in ein hohes Rührgefäß geben. Mit dem Stabmixer zu einer cremigen Masse verrühren. Den Eiskaffee in Gläser füllen und mit der beiseitegestellten Schlagsahne garnieren. Vor dem Servieren mit Zimt bestreuen.

Selbst gemachtes Karamelleis am stiel

Der herrliche Karamellge-schmack und der Schokoladen-überzug machen dieses Eis zu einem sicheren Gewinner.

6 STÜCK

250 ml Schlagsahne
3 EL Sukrin Gold
3 EL Kokoszucker
50 g Butter, zerlassen
½ TL Vanillepulver
50 ml Schlagsahne, leicht
    geschlagen

FÜR DEN ÜBERZUG
150 g Schokolade

6 Stieleisformen und 6 Eisstiele (in Geschäften für Küchenbedarf erhältlich)

Für die Karamellmasse alle Zutaten bis auf die leicht geschlagene Sahne in einen Topf geben und aufkochen lassen. Die Temperatur reduzieren und die Masse einkochen lassen. Das dauert 50–60 Minuten. Zwischendurch muss nicht umgerührt werden. Wenn die Masse in der Mitte dick geworden ist und eine dunkle Farbe hat, ist sie fertig.

Beiseitestellen und abkühlen lassen.

Die abgekühlte Karamellmasse in die leicht geschlagene Sahne geben. Die Masse trennt sich dabei etwas, dadurch entstehen die köstlichen Karamellstreifen im Eis. Die Masse in die Stieleisformen geben, die Eisstiele hineinstecken und für 3–4 Stunden in den Gefrierschrank stellen.

ÜBERZUG Die Schokolade für den Überzug über dem heißen (nicht kochenden!) Wasserbad schmelzen. Das tiefgekühlte Eis am Stiel kurz in die flüssige Schokolade tauchen oder das Eis über die Schokolade halten und mit einem Löffel die Schokolade darübertropfen lassen. Die Schokolade fest werden lassen und das Eis auf einen Teller mit Backpapier legen. Sofort servieren.

Eis am Stiel
MIT HIMBEERSTREIFEN

Köstliches Mini-Eis mit Mascarpone und Himbeerstreifen.

8 STÜCK

125 g Himbeeren
200 g Mascarpone
250 ml Schlagsahne
2–3 EL Sukrin Melis
1 TL Vanilleextrakt oder
  ½ TL Vanillepulver

8 Stieleisformen und 8 Eisstiele (in
  Geschäften für Küchenbedarf
  erhältlich)
100 g dunkle Schokolade (nach
  Belieben)

Die Himbeeren pürieren.

In einer Schüssel den Mascarpone, die Schlagsahne, den Sukrin Melis und den Vanilleextrakt bzw. das Vanillepulver gut verrühren. Das Himbeerpüree nur locker einrühren, sodass Streifen entstehen.

Die Eismasse in die Stieleisformen geben, die Eisstiele hineinstecken und für 5–6 Stunden in den Gefrierschrank stellen. Anschließend das Eis gleich essen oder nach Belieben die Schokolade über dem heißen Wasserbad schmelzen und das Eis damit verzieren.

Avocado-Eis am Stiel
MIT SCHOKOLADENSPITZE

Avocado-Eis? Ich gebe zu, das hört sich etwas seltsam an, aber die Avocados verleihen diesem leicht säuerlichen Eis eine cremige Konsistenz.

4 STÜCK

2 reife Avocados
250 ml Kokoscreme
3 EL Sukrin Melis
abgeriebene Schale und Saft von
  1 unbehandelten Limette

4 Stieleisformen und 4 Eisstiele (in
  Geschäften für Küchenbedarf
  erhältlich)
100 g dunkle Schokolade
30 g ungesalzene Pistazien, fein
  gehackt

Die Avocados halbieren, entsteinen und das Fruchtfleisch mit den übrigen Zutaten im Mixer pürieren. Die Eismasse in die Stieleisformen geben, die Eisstiele hineinstecken und für 5–6 Stunden in den Gefrierschrank stellen.

Die Schokolade über dem heißen (nicht kochenden!) Wasserbad schmelzen. Das tiefgekühlte Eis am Stiel aus den Formen nehmen und die Spitze kurz in die flüssige Schokolade tauchen. Mit den gehackten Pistazien verzieren, solange die Schokolade weich ist. Kurz auf Backpapier trocknen lassen.

Rote Grütze

MIT SAHNE

Ein himmlisches dänisches Sommerdessert. Und es lässt sich ganz einfach ohne Zucker zubereiten, denn die Beeren sind ja süß genug.

4 PERSONEN

1 kg rote Sommerbeeren (z. B. Erdbeeren, Himbeeren, rote Johannisbeeren)
1 Vanilleschote
etwa 300 ml eiskalte Schlagsahne

Die Beeren verlesen und mit etwa 200 ml Wasser in einen großen Topf geben. Die Vanilleschote längs aufschneiden, das Mark herausschaben und Mark und Schote zu den Beeren geben. Die Beeren langsam aufkochen, dann etwa 10 Minuten köcheln lassen. Danach die Vanilleschote entfernen.

Für eine glatte rote Grütze die Beeren im Mixer pürieren, dann durch ein Sieb passieren. Wer gerne etwas Struktur haben möchte, rührt die Grütze nur mit einer Gabel durch.

Die rote Grütze in den Kühlschrank stellen und vollständig auskühlen lassen. Mit eiskalter Schlagsahne servieren.

TIPP: Servieren Sie die Buttermilch-Kaltschale auch einmal mit gebrannten Mandeln (siehe Seite 244) und frischen Beeren.

BUTTERMILCH-KALTSCHALE
MIT KAMMERJUNKERN

Die Buttermilch-Kaltschale mit Kammerjunker-Keksen gehört in Dänemark zum Sommer dazu.

4 PERSONEN

4 Eigelb
etwa 3 EL Sukrin Melis
500 ml Buttermilch
150 g griechischer Joghurt
   (10 % Fett) oder selbst
   gemachter Joghurt (siehe
   Seite 108)
etwa 2 TL Vanillepulver
abgeriebene Schale von
   1 unbehandelten Zitrone
150 ml Schlagsahne

In einer Schüssel das Eigelb und dem Sukrin Melis mit einem Schneebesen verquirlen. In einer weiteren Schüssel die Buttermilch mit dem Joghurt, 2 TL Vanillepulver und der Zitronenschale verrühren. Die Eigelbmasse dazugeben.

Die Schlagsahne leicht steif schlagen und unter die Buttermilchmasse heben. Mit Vanillepulver und Sukrin Melis abschmecken.

Die Buttermilch-Kaltschale schmeckt am besten, wenn sie sofort serviert wird. Im Kühlschrank aufbewahrt, kann sie etwas gerinnen.

KAMMERJUNKER

40 STÜCK

75 g Mandelmehl
50 g entöltes Mandelmehl
1 EL Sukrin Gold
½ TL gemahlener Kardamom
abgeriebene Schale von
   ½ unbehandelten Zitrone
50 g weiche Butter
1 Eiweiß

Die beiden Mandelmehlsorten mit dem Sukrin Gold, dem Kardamom und der Zitronenschale mischen. Die Butter und das Eiweiß dazugeben und alles mit den Händen zu einem fettigen Teig verkneten. Den Teig für etwa 30 Minuten im Kühlschrank ruhen lassen.

Den Backofen auf 160 °C vorheizen.

Aus dem Teig etwa 20 kleine Kugeln formen und diese leicht platt drücken. Auf ein mit Backpapier belegtes Backblech legen und im heißen Ofen etwa 12 Minuten backen. Die Kekse herausnehmen und auf dem Blech abkühlen lassen. Den Backofen noch nicht ausschalten.

Die Kekse mit einem scharfen Messer quer durchschneiden (Vorsicht, sie krümeln leicht!) und die Hälften wieder auf das Backblech legen. Weitere 10 Minuten backen. Die Kekse herausnehmen, wenn sie leicht goldgelb sind.

Die Kammerjunker-Kekse in der Buttermilch-Kaltschale servieren.

JUNI, JULI, AUGUST

BLAUBEER-CRUMBLE
MIT CRÈME FRAÎCHE

Ein Crumble-Kuchen ist ein sehr dankbares Gericht. Man legt einfach sein Lieblingsobst in eine Tarteform und bedeckt es mit Streuseln. Hier werden die traditionellen Streusel durch Nussstreusel ersetzt.

1 KUCHEN

FÜR DIE FÜLLUNG
500 g Blaubeeren
Butter oder Kokosöl für die Form
1 EL gemahlener Zimt

FÜR DEN CRUMBLE
100 g Mandelmehl
3 EL entöltes Mandelmehl
100 g Pekannüsse, grob gehackt
1 TL Vanillepulver
1 EL Sukrin Gold
100 g weiche Butter

250 g Crème fraîche (38 % Fett)
½ TL Vanillepulver

FÜLLUNG Für die Füllung die Blaubeeren verlesen. Eine Tarteform mit Butter oder Kokosöl einfetten und die Blaubeeren hineinfüllen. Gleichmäßig mit dem Zimt bestreuen.

Den Backofen auf 150 °C vorheizen.

CRUMBLE In einer Schüssel alle trockenen Zutaten für den Crumble mischen. Die Butter hinzufügen und die Masse mit den Fingern zu Streuseln verarbeiten.

Die Streusel über die Beeren geben und den Kuchen 30–40 Minuten im heißen Ofen backen, bis die Streusel goldbraun sind. Herausnehmen und lauwarm abkühlen lassen.

Die Crème fraîche mit dem Vanillepulver verrühren und zu dem lauwarmen Kuchen servieren.

Sommerdrinks auf der Terrasse

TIPP: Natürliche Süße? Mixen Sie einen halben oder ganzen Apfel mit dem Ingwerkonzentrat und lassen Sie Stevia weg.

TIPP: Bereiten Sie Sangria einmal mit einem fruchtigen Weißwein zu. Das schmeckt köstlich frisch.

Ingwer-Zitronen-Konzentrat

Vermischt mit kohlensäurehaltigem Wasser, wird aus dem Konzentrat eine erfrischende Zitronenlimonade. Mineralwasser und Wodka verwandeln es in einen himmlischen Sommerdrink.

FÜR DAS KONZENTRAT
100 g Ingwer
Schale und Saft von 1 großen
    unbehandelten Zitrone
5–6 Tropfen Stevia (nach
    Belieben)

FÜR 2 DRINKS
5 cl Wodka
100 ml Ingwer-Zitronen-
Konzentrat
Mineralwasser mit Kohlensäure

KONZENTRAT Für das Konzentrat den Ingwer schälen und in kleine Stücke schneiden. Zusammen mit der Zitronenschale, dem Zitronensaft und 500 ml Wasser in einen Mixer geben und einige Minuten mixen, bis die Flüssigkeit so glatt wie möglich ist. Die Flüssigkeit durch ein feinmaschiges Sieb oder ein Tuch passieren. Nach Belieben mit einigen Tropfen Stevia süßen.

DRINKS Für zwei Drinks je 2,5 cl Wodka sowie 50 ml Konzentrat in ein Glas geben. Mit Mineralwasser auffüllen und servieren.

Sangria

Sangria schmeckt ja fast wie Saft, aber ich muss an dieser Stelle doch sagen, dass die Wirkung eine andere ist.

1 KANNE

1 unbehandelte Orange
1 unbehandelte Zitrone
1 unbehandelte Limette
750 ml leichter Rotwein (z. B.
    Beaujolais)
250 ml Apfelsaft
10 cl Wodka
1 große Handvoll Minzeblätter
2 kleine Zimtstangen
einige Tropfen Stevia (nach Belieben)
Eiswürfel

Die Sangria am besten einige Tage vorher oder spätestens am Morgen des Tages, an dem die Sangria abends serviert werden soll, vorbereiten.

Alle Zitrusfrüchte in halbmondförmige Scheiben schneiden und in eine Kanne legen. Dann die übrigen Zutaten hinzufügen und nach Belieben das Getränk mit einigen Tropfen Stevia süßen. (Da ich meine Sangria überhaupt nicht süße, ist sie natürlich nicht so süß, wie Sie es vielleicht von den wilden Feiern auf Mallorca kennen. Wenn Sie es gerne etwas süßer haben, können Sie Stevia dazugeben.)

Die Sangria kalt stellen, damit sie gut durchziehen kann. Vor dem Servieren die Zimtstangen entfernen und die Sangria mit Eiswürfeln auffüllen.

FROZEN STRAWBERRY DAIQUIRI

Es ist immer schön, die Freundinnen mit einem frischen Erdbeer-Drink zu überraschen.

4 GLÄSER

300 g tiefgekühlte Erdbeeren
Saft von 1 Limette
8–10 cl weißer Rum
1 große Handvoll Eiswürfel

Die Erdbeeren vor der Verwendung etwas antauen lassen. Danach alle Zutaten in einem Mixer zerkleinern und in schöne Gläser füllen. Eventuell mit etwas kaltem Wasser aufgießen. Sofort servieren.

PIÑA COLADA

Von diesem herrlichen 1980er-Jahre-Drink kann man kaum mehrere trinken, nicht nur wegen des Alkohols, sondern weil er auch richtig sättigend ist.

2 GLÄSER

100 g Ananas, gewürfelt
200 ml Kokoscreme
5 cl weißer Rum
1 große Handvoll Eiswürfel

Alle Zutaten zusammen mit 100 ml Wasser in einem Mixer zu einem cremigen Drink mixen.

MOJITO

Normalerweise enthält der Mojito große Mengen Rohrzucker. Ich persönlich mag es jedoch, wenn man den Geschmack von Rum, Limette und Minze deutlich spüren kann.

2 GLÄSER

4 unbehandelte Limetten
1 Bund Mojito-Minze (marokkanische Minze, keine Pfefferminze)
2–4 TL Kokoszucker
6 cl brauner Rum
zerstoßenes Eis
Mineralwasser mit Kohlensäure

Zwei Limetten in kleine Würfel schneiden und in die Gläser verteilen. Die anderen beiden Limetten auspressen und den Saft in die Gläser füllen. Eine reichliche Portion Minzeblätter zusammen mit etwas Kokoszucker in die Gläser geben und mit einem Stößel kräftig im Glas zerdrücken. Dadurch tritt das Öl aus den Minzeblättern aus und verleiht dem Drink seinen charakteristischen Geschmack. Mit dem Rum übergießen. Zum Schluss zerstoßenes Eis hinzufügen und mit Mineralwasser auffüllen.

⊙ Frozen strawberry daiquiry

⊙ Piña colada

⊙ Mojito

SEPTEMBER, OKTOBER, NOVEMBER

Bei uns bedeutet der Herbst Ferien im Sommerhaus, Pilze und Kastanien sammeln im Wald und wärmende Herbstgerichte.

KINDER, ESSEN UND LCHF

Im Herbst ist der Kindergeburtstag bei uns ein fester Termin. Wenn man wie wir Zwillinge in der Konstellation Junge/Mädchen hat, dann nehmen die Geburtstagsfeiern mehrere Wochenenden in Anspruch. Eine für die Jungen, eine für die Mädchen, eine für die Freunde außerhalb der Klasse und eine für die Familie. Wenn dann der Dezember kommt, der uns ja auch eine Menge Feste beschert, sind wir oft schon ziemlich außer Atem.

Mit so vielen Festlichkeiten in so kurzer Zeit ist dies der richtige Zeitpunkt, die Zuckergewohnheiten der Kinder – oder der ganzen Familie – einmal näher unter die Lupe zu nehmen, damit nicht plötzlich zwei Monate lang nur Zucker, Zucker und nochmal Zucker auf dem Speiseplan steht.

WAS ESSEN IHRE KINDER?

Darauf antworte ich in der Regel: Lebensmittel. Sie essen Lebensmittel, genauso wie der Rest der Familie. Meine Kinder sind nicht mäkelig und essen das meiste mit großer Neugier und großem Appetit. Natürlich ist die Ernährung meiner Kinder von unseren Ess- und Lebensgewohnheiten beeinflusst. Es wäre schon etwas seltsam, selbst LCHF-inspiriert zu essen und gleichzeitig seinen Kindern Cornflakes, Brot und Nudeln mit Ketchup vorzusetzen.

LOWER CARB – HIGHER FAT

Wenn ich der Ernährung meiner Kinder ein Etikett geben sollte, dann wäre es Lower Carb – Higher Fat. Aber eigentlich bedeutet das nur, dass wir Zucker, Junkfood, Light-Produkte sowie weißes Brot und Nudeln aus ihrer Ernährung ausgeschlossen haben. Stattdessen essen sie mehr Fett und wirklich viel Gemüse. Rein praktisch sieht das so aus, dass wir fast jeden Morgen dasselbe essen. Für die Schule bekommen sie in der Regel ganz normales Roggenbrot (dick mit Butter bestrichen und mit viel Belag, dazu Käse, Nüsse, Gemüse und Obst) eingepackt. Am Nachmittag essen sie dann entweder gar nichts oder das, was sie zum Kaffee im Hort bekommen, und am Abend das, was ich zum Abendbrot koche, und vielleicht etwas gebratenes oder gebackenes Wurzelgemüse dazu. Ab und zu koche ich ein wenig Kartoffeln, Reis, Quinoa, Perlgraupen, Perldinkel oder Perlroggen für sie, serviere das aber immer als Beilage (mit Butter) und nicht als Hauptbestandteil der Mahlzeit. Sie bekommen selten Nudeln. Das war eigentlich keine bewusste Wahl, es hat sich mit der Zeit einfach so ergeben. Stattdessen essen sie (wir) Karotten- oder Zucchinispiralen zur Bolognese-Sauce. Manchmal bekommen sie auch Fruchtdesserts mit Schlagsahne, Smoothies sowie selbst zubereitete Leckereien und Süßigkeiten. Natürlich nicht jeden Tag, aber immer, wenn es angebracht ist.

Aber das gilt für zu Hause. Wenn sie zu Besuch bei anderen sind, essen sie, was dort auf den Tisch kommt, genau wie andere unsere Gerichte essen, wenn sie zu Besuch bei uns sind. Wenn wir zu einer Veranstaltung gehen, z. B. ein Sommerfest oder eine Weihnachtsfeier, auf der es Kuchenbuffet, Kekse, Brause, Slush-Ice, Schaumkusskanone, Marshmallows und Bonbontüten gibt, dann beugen wir uns dem sozialen Druck und vereinbaren mit den Kindern vorher, dass sie ein oder zwei Dinge wählen können. Dann nehmen sie vielleicht ein Stück Kuchen oder eine Bonbontüte und haben das Gefühl, dass es ein Fest ist. Sie kommen nicht und betteln um mehr, sondern laufen herum und spielen mit ihren Freunden. Und sie haben noch nie durchblicken lassen, dass sie sich benachteiligt fühlen.

AUSGEGLICHENE KINDER
Meine Kinder werden oft dafür gelobt, dass sie so ruhig und ausgeglichen sind. Natürlich haben sie auch Hummeln im Hintern und rennen lieber, als dass sie gehen, aber sie haben auch kein übertrieben hohes Lärm- und Aktivitätsniveau, bei dem es übermenschliche Geduld erfordert, es mit ihnen in einem Raum auszuhalten. Ich empfinde unser Familienleben als recht friedlich. Bei uns hat keiner einen Bärenhunger, wenn wir am späten Nachmittag nach Hause kommen. Die Kinder bekommen meist einen Teller mit Gemüse, das sie essen, während ich das Abendbrot zubereite. Sie können sich im Allgemeinen gut in Bücher oder Spiele vertiefen, sind selten krank, kommen abends schnell zur Ruhe und schlafen die ganze Nacht hindurch.

Silas spielt zwei- bis viermal in der Woche Fußball (also neben all dem Fußball, den er in der Hofpause, nachmittags im Hort oder mit Freunden auf dem Bolzplatz spielt). Sein Energieniveau ist bewundernswert und besonders beeindruckt bin ich, dass seine Energie nicht zu versiegen scheint. Ich glaube, das könnte mit seiner Ernährung zusammenhängen.

KINDER UND ZUCKER
Es kann eine Herausforderung sein, seine Kinder so lange wie möglich zuckerfrei zu ernähren. Glücklicherweise waren wir uns in diesem Punkt seit der Geburt der Kinder einig. Das hört sich vielleicht ein wenig

hochtrabend oder heilig an, aber so empfinden wir das nicht. Wir laufen auch nicht herum und bezeichnen uns als »die Familie, die keinen Zucker isst«. Es ist einfach so. Wir Eltern konsumieren ja selbst kaum Süßigkeiten, Chips, Limonade, Saft u. ä., und da wäre es schon komisch, so etwas für die Kinder zu kaufen. Daher haben wir es einfach nicht getan. Zu Anfang gab es einige Diskussionen mit den Großeltern, die sich darauf freuten, die neuen Enkel mit Süßigkeiten, Kuchen und Brause zu verwöhnen, aber wir sind dann recht schnell auf einen gemeinsamen Nenner gekommen. Und unsere Kinder lieben ihre Großeltern trotzdem.

Da wir in unserer Familie Feierlichkeiten und Gemeinsamkeit nie auf Zucker aufgebaut haben, sind wir auch nie in die Verlegenheit gekommen, den Kindern die Freitagssüßigkeiten oder die Wochenendbrause wegnehmen zu müssen. Denn das hatten sie ja von Anfang an nicht, was es uns natürlich leichter gemacht hat. Das hat auch dazu geführt, dass unsere Kinder zu Hause noch nie um Süßigkeiten oder Brause gebeten haben. Man bittet ja nicht um etwas, von dem man nicht weiß, was es ist. Meine Kinder haben ihren ersten Schaumkuss im Kindergarten gegessen und ihre erste Limonade in der Schule getrunken.

»Kinder, die zu Hause keinen Zucker bekommen, geraten völlig aus dem Häuschen, wenn sie auf einem Kindergeburtstag Süßigkeiten bekommen!«
Würde ich jedes Mal, wenn ich diesen Spruch höre, einen Euro bekommen, wäre ich bestimmt schon reich. Er wird so selbstverständlich wie

eine etablierte und unanfechtbare Wahrheit vorgebracht. Was soll ich dazu sagen? Meiner Erfahrung entspricht das ganz und gar nicht.

Und selbst wenn es stimmen würde, wäre das für mich immer noch kein Grund, meine Kinder zu Hause mit Süßigkeiten und Zucker zu ernähren, nur damit sie für Kindergeburtstage besser gerüstet sind. Entschuldigen Sie bitte, aber ich verstehe diese Argumentation nicht. Man könnte ja auch mit dem Gegenteil argumentieren, dass Kinder, die große Mengen Zucker zu Hause bekommen, bei Kindergeburtstagen durchdrehen, weil sie immer größere Mengen Zucker brauchen, um den angenehmen Zuckerrausch zu erreichen. Meine Erfahrung besagt, dass das sehr vom einzelnen Kind abhängt. Vielleicht reagieren ja manche Kinder empfindlicher auf Zucker als andere.

Ich habe allerdings auch die Erfahrung gemacht, dass es einem Kind, das nicht jeden Tag Zucker und Weizenbrot isst, nach einem Kindergeburtstagsessen mit Kuchen, Torte, Brause, Saft und Bonbons richtig schlecht gehen kann. Das ist schade, aber es zeigt auch, dass die Toleranzschwelle niedriger wird, wenn der Körper nicht an so große Mengen Zucker und Gluten gewöhnt ist.

WAS SAGEN DIE KINDER SELBST?

Sie sagen eigentlich nicht so viel. Sie sind neun Jahre alt und interessieren sich nicht auf diese Weise für das Essen. Sie essen es einfach. Sie kommen manchmal nach Hause und erzählen, dass sie jetzt in der Schule gelernt haben, dass das Gehirn Zucker braucht, um zu funktionieren, und dass Fett ungesund ist. Dann reden wir darüber.

Wenn sie nach gesundem oder ungesundem Essen fragen, diskutieren wir meistens darüber, woher das Essen kommt. Kommt es aus der Natur oder nicht? Wir haben oft ein Spiel gespielt, das nannte sich: Hatte es eine Mutter, oder kann es aus der Natur gegessen werden? Wenn die Antwort Ja ist, dann ist es natürliches Essen. Wir reden ganz bewusst nicht über Gewicht im Zusammenhang mit Essen, sondern mehr darüber, wie das Essen uns gute Energie und gute Laune gibt. Dem enormen Gewichtsfokus in unserer Gesellschaft werden sie noch früh genug ausgesetzt.

KINDERGEBURTSTAG

Ein Kindergeburtstag ist eine besondere Gelegenheit und muss meiner Meinung nach nicht hundertprozentig zuckerfrei sein. Aber ich sehe auch keinen Grund dafür, dass die Kinder sich förmlich in Zucker wälzen. Wir landen letztendlich irgendwo in der Mitte. Wir servieren z. B. eine sättigende Mahlzeit (ohne Brot), beispielsweise Mittagessen oder Brunch, backen einen feinen Kuchen aus diesem Buch oder laden zu selbst gebackenen Waffeln mit Schlagsahne, Obst, Beeren und Nüssen anstatt zu Kuchen und Marmelade ein. Brause gibt es bei uns nicht, stattdessen kaufen wir Saft oder servieren einen selbst gemachten Saft ohne Zucker, von dem jeder ein Glas bekommt, und dann gibt es Wasser. Die Partytüten für die Gäste waren für unsere Kinder ausgesprochen wichtig, also haben wir daran festgehalten. Anstatt mit Bonbons füllen wir sie mit Kleinigkeiten wie Bleistiften, Haarspangen, Radiergummis, Kindertattoos, Stickern usw., dazu ein wenig Schokolade und ein paar Süßigkeiten. Das war ein Kompromiss, der für alle in Ordnung war.

OMELETT
MIT RAHMPILZEN

*Das beste Herbstfrühstück ist ein
Omelett mit Pilzen in Rahmsauce.*

1 PERSON

FÜR DAS OMELETT
2 Eier
1 EL Schlagsahne
Butter oder Kokosöl zum Braten
Salz und frisch gemahlener Pfeffer

FÜR DIE RAHMPILZE
100 g Pilze (z. B. Waldchampignons,
  Pfifferlinge)
1 kleines Bund Petersilie
30 g Butter
2–3 EL Schlagsahne

1 EL Schnittlauchröllchen zum
  Bestreuen

OMELETT In einer Schüssel die Eier mit der
Schlagsahne verquirlen. In einer kleinen Pfanne
etwas Butter oder Kokosöl erhitzen und die Eimasse hineingeben. Wenn die Masse am Boden
etwas gestockt ist, das Omelett umklappen und
auf beiden Seiten fertig braten. Mit Salz und
Pfeffer würzen.

RAHMPILZE Für die Rahmpilze die Pilze mit einer weichen Bürste oder etwas Küchenpapier
säubern und in dünne Scheiben schneiden. Die
Petersilie fein hacken. In einer Pfanne die Butter
zerlassen und die Pilze darin goldgelb braten.
Die Sahne hinzufügen und einkochen lassen.
Kurz vor dem Servieren die Petersilie unterrühren und die Pilze mit Salz und Pfeffer abschmecken.

Die Pilze auf dem Omelett anrichten und mit
dem Schnittlauch bestreuen.

KÖRNERSTÜCKE
MIT SCHOKOLADE

Das ist wirklich Luxus auf dem Frühstückstisch. Stellen Sie sich ein Körnerbrötchen mit Butter und dem Geschmack von Schokolade vor!

12 STÜCK

3 Eier
50 g Butter
150 g dunkle Schokolade
75 g Mandeln
75 g Haselnusskerne
75 g Leinsamen
75 g Sesamsamen
75 g Sonnenblumenkerne
75 g Kürbiskerne
½ TL Salz

Den Backofen auf 160 °C vorheizen.

Die Eier verquirlen. Die Butter zerlassen. Die Schokolade, die Mandeln und die Haselnüsse grob hacken und mit den Eiern, der Butter und den restlichen Samen und Kernen verrühren. Das Salz hinzufügen und untermischen.

Den Teig in 12 Muffinförmchen geben und im heißen Ofen etwa 40 Minuten backen.

TIPP: Sie können die Körnerstücke auch ohne Schokolade backen und dann nach dänischer Art mit selbst gemachten dünnen Schokoladentäfelchen belegen.

• Schokoladentäfelchen (siehe Seite 178)

Haselnusscreme

Für selbst gemachte Haselnusscreme brauchen Sie eine leistungsstarke Küchenmaschine und außerdem viel Geduld. Dafür schmeckt sie aber auch himmlisch gut.

1 GLAS

300 g Haselnusskerne
½ TL Vanillepulver
50 g Kakaopulver
2 EL Yacon-Sirup
1 Prise Salz
2 EL Kokosöl
etwa 100 ml Schlagsahne

Den Backofen auf 150 °C vorheizen.

Die Haselnüsse auf einem Backblech verteilen und etwa 20 Minuten im heißen Ofen rösten. Herausnehmen und abkühlen lassen. Mit einem Tuch die Schale abreiben. (Es macht nichts, wenn einige Schalenreste zurückbleiben.)

Die Nüsse in der Küchenmaschine zerkleinern, bis das Öl austritt. (Das dauert sehr lange; wenn Sie die Maschine nicht so lange laufen lassen wollen, können Sie den Prozess beschleunigen, indem Sie 2 EL geschmolzenes Kokosöl dazugeben.)

Die übrigen Zutaten hinzufügen und alles mit der Küchenmaschine gut vermischen. Dazu am besten die Pulse-Funktion verwenden.

Die Nutella-Creme mit einem sauberen Messer aus der Küchenmaschine herausholen und in ein verschließbares Glas geben. Nutella hält sich im Kühlschrank einige Wochen.

SELBST GEMACHTE
Schokoladentäfelchen

Das hier ist eher eine Idee als ein Rezept. Aber es ist genial, die in Dänemark als Brotbelag sehr beliebten Schokoladentäfelchen im Kühlschrank vorrätig zu haben.

16 STÜCK

150 g dunkle Schokolade (70 oder 85 % Kakaoanteil)

Die Schokolade vorsichtig in einer Schüssel über dem heißen (nicht kochenden!) Wasserbad schmelzen. Ein großes Schneidebrett mit Backpapier bedecken und die flüssige Schokolade daraufgießen. Mit einem Teigschaber zu einer dünnen, gleichmäßigen Schicht verstreichen. Für etwa 15 Minuten in den Kühlschrank stellen. Anschließend mit einem Pizzaschneider in gleichmäßige Stücke schneiden. Sollten einige Stellen noch zu weich sein, für weitere 5 Minuten in den Kühlschrank stellen. Die restliche Schokolade zerschneiden, wenn sie fest ist. Danach die Schokolade wieder in den Kühlschrank stellen, bis sie völlig durchgekühlt ist. Bei Bedarf kleinere Stücke abbrechen und als Brotbelag verwenden.

Im Kühlschrank in einem luftdichten Behälter zwischen Lagen aus Butterbrotpapier aufbewahren.

TIPP: *Hähnchen mit Spargel schmeckt auch sehr gut ohne Tartelettes.*

Falsche Tartelettes
MIT HÄHNCHEN UND SPARGEL

Hausmannskost ist beliebt wie nie. Und wir müssen dabei nicht auf Tartelettes verzichten, nur weil wir LCHF essen.

6-8 TARTELETTES

FÜR DEN TEIG
120 g Mandelmehl
150 g Kartoffelfasern
100 g Sesamsamen
1 TL Salz
1 Ei
100 g weiche Butter

FÜR DIE FÜLLUNG
600 g Hähnchenbrust
10 Stangen grüner Spargel
1 Glas weißer Spargel
50 g Butter
300 ml Hühnerbrühe (z. B. selbst gekochte Brühe, siehe Seite 45; oder Kochwasser eines Hühnchens)
300 ml Schlagsahne
100 g Mascarpone
Salz und frisch gemahlener Pfeffer

glatte Petersilie, fein gehackt, zum Bestreuen

Den Backofen auf 170 °C vorheizen.

TEIG In einer Schüssel alle trockenen Zutaten für den Teig mischen. Das Ei und die weiche Butter hinzufügen. Mit den Händen zu einem Teig verkneten und diesen zu einer Kugel formen. Den Teig in 6–8 gleich große Stücke teilen. Jeweils ein Teigstück zwischen zwei Lagen Backenpapier legen und flach ausrollen.

Eine beschichtete Muffinform umdrehen und den Teig vorsichtig um jede einzelne Erhebung formen. Die Muffinform auf ein Backblech stellen und die Tartelettes im heißen Ofen 15–17 Minuten backen, bis sie goldgelb sind. Herausnehmen und abkühlen lassen.

FÜLLUNG Für die Füllung in einem Topf mit leicht gesalzenem Wasser die Hähnchenbrust etwa 10 Minuten kochen. Aus dem Topf nehmen und beiseitestellen. Wenn das Fleisch abgekühlt ist, mit der Gabel oder mit den Fingern in mundgerechte Stücke zerteilen.

Die unteren Enden des grünen Spargels abschneiden, den weißen Spargel abtropfen lassen. Beide Spargelsorten in kleinere Stücke schneiden. In einer Pfanne oder einem Topf die Butter zerlassen. Die Hühnerbrühe und die Sahne hinzufügen und die Sauce etwa 15 Minuten köcheln lassen. Wenn die Sauce dick zu werden beginnt, den Mascarpone einrühren. Dann das Hühnerfleisch, den weißen und den grünen Spargel hinzufügen und das Ragout mit Salz und Pfeffer abschmecken.

Das Ragout in die Tartelettes füllen und mit der Petersilie bestreuen. Nach Belieben einen großen grünen Salat dazureichen.

PILZPÄCKCHEN
MIT BRIEKÄSE UND PINIENKERNEN

Der herrliche Geschmack dieses Gerichts kommt vor allem von dem leicht geschmolzenen Brie. Servieren Sie die Pilzpäckchen als Beilage, wenn Sie Gäste haben. Sie sind bei uns jedes Mal ein großer Erfolg.

4 PERSONEN

400–500 g gemischte Pilze (z. B. Champignons, Pfifferlinge oder Shimeji-Pilze)
4 Knoblauchzehen
75 g glatte Petersilie und Estragon
50 ml Schlagsahne
70 g Pinienkerne, leicht geröstet
150 g Briekäse
Salz und frisch gemahlener Pfeffer

Backpapier

Den Backofen auf 200 °C vorheizen.

Backpapier in vier Quadrate von etwa 30 × 30 cm schneiden. Die Pilze mit einer weichen Bürste oder mit Küchenpapier säubern, in kleine Stücke schneiden und in eine Schüssel geben. Den Knoblauch grob hacken, die Kräuter fein hacken. Die Pilze mit dem Knoblauch, den Kräutern, der Sahne und den Pinienkernen vermischen. Die Pilzfüllung auf die vier Backpapierstücke verteilen und eine dicke Scheibe Briekäse darauflegen. Das Backpapier zu Päckchen formen, diese mit Küchengarn verschließen und etwa 15 Minuten im Backofen backen.

Nach Belieben mit Gemüsebrot (siehe Seite 38) als kleines Mittagessen servieren.

Pilzterrine

Diese kleinen Pilzterrinen sind perfekt für ein herbstliches Mittagessen. Servieren Sie sie mit einer Scheibe Körnerbrot oder einem grünen Salat.

4 KLEINE TERRINEN

300 g gemischte Pilze (z. B. Champignons, Portobello, Pfifferlinge oder Shimeji-Pilze)
2 Schalotten
2 Knoblauchzehen
2–3 EL Butter
4 Eier
250 g Crème fraîche (38 % Fett)
2 TL Dijonsenf
2 EL fein gehackte glatte Petersilie
etwas frisch geriebene Muskatnuss (Menge nach Geschmack)
Salz und frisch gemahlener Pfeffer
Öl für die Förmchen

Die Pilze säubern und in gleich große Stücke schneiden. Die Schalotten und den Knoblauch fein hacken. In einer Pfanne die Butter erhitzen und die Schalotten sowie den Knoblauch darin anbraten. Die Pilze hinzufügen und 8–10 Minuten mitbraten.

Den Backofen auf 160 °C vorheizen. Die Eier mit der Crème fraîche, dem Senf und der Petersilie verrühren. Mit Muskat, Salz und Pfeffer abschmecken. Die Förmchen mit etwas Öl einfetten. Die Pilzmasse hineingeben und mit der Crème-fraîche-Mischung bedecken. Im heißen Ofen etwa 25 Minuten backen.

LANGZEITGEGARTE PILZE

Diese langzeitgegarten Pilze sind eine wirklich köstliche Beilage zu jeder Art von Fleisch.

4 PERSONEN

600 g gemischte Pilze (z. B. Champignons, Portobello, Pfifferlinge oder Shimeji-Pilze)
4 Schalotten
4 Knoblauchzehen
2 EL Olivenöl

Den Backofen auf 120 °C vorheizen. Die Pilze mit einer weichen Bürste oder etwas Küchenpapier säubern. Die Schalotten schälen und vierteln, die Knoblauchzehen schälen und in dünne Scheiben schneiden. Das Olivenöl auf den Boden einer ofenfesten Form mit Deckel geben. Die Pilze zusammen mit den Schalotten und dem Knoblauch hineingeben. Im heißen Ofen zugedeckt 3 Stunden köcheln lassen.

Nach Belieben vor dem Servieren etwas Knoblauchbutter darauf verteilen.

HÄHNCHENTARTE
MIT PILZFÜLLUNG UND BUTTER-GRÜNKOHL

Diese Tarte hat einen Boden aus gehacktem Hähnchenfleisch, was sie sowohl sättigend als auch kohlenhydratarm macht.

4 PERSONEN

FÜR DEN BODEN
400 g Hähnchenbrust oder -filet
1 Zwiebel
1 Knoblauchzehe
1 Ei
2 TL Dijonsenf
1 kleine Handvoll Kräuter (z. B. Basilikum, glatte Petersilie)
Salz und frisch gemahlener Pfeffer

FÜR DIE FÜLLUNG
300–400 g gemischte Pilze (z. B. Champignons, Portobello, Pfifferlinge oder Shimeji-Pilze)
etwas Butter zum Braten
2 Knoblauchzehen
1 kleine Handvoll Kräuter (z. B. Thymian, glatte Petersilie, Basilikum), fein gehackt
100 g Käse (z. B. Cheddar), gerieben
3 Eier
150 ml Schlagsahne

FÜR DEN BUTTER-GRÜNKOHL
500 g Grünkohl
50 g Butter
1 EL gemahlener Kreuzkümmel
1 Zitrone, in Achtel geschnitten

BODEN Den Backofen auf 200 °C vorheizen. Für den Boden das Hähnchenfleisch in kleinere Stücke schneiden. Die Zwiebel und den Knoblauch grob hacken. Alle Zutaten in der Küchenmaschine zu einer Farce zerkleinern. Eine Tarteform (oder eine Springform) einfetten und den Fleischteig hineinpressen. Dabei einen Rand formen. Den Hähnchenfleisch-Boden im heißen Ofen etwa 15 Minuten vorbacken. Herausnehmen und die eventuell entstandene Flüssigkeit abgießen.

FÜLLUNG Während der Boden bäckt, die Pilze mit einer weichen Bürste oder etwas Küchenpapier säubern und zerkleinern. In einer Pfanne die Butter erhitzen, den Knoblauch hineinpressen und etwas anschwitzen. Die Pilze dazugeben und braten, bis sie etwas Farbe bekommen haben. Die Flüssigkeit abgießen und die Kräuter unter die Pilzmischung heben.

Die Pilzmischung auf dem vorgebackenen Tarteboden verteilen. Den Käse darüberstreuen. Die Eier mit der Sahne, Salz und Pfeffer verquirlen und über die Tarte gießen. Im heißen Ofen 20–30 Minuten backen, bis die Eimasse vollständig gestockt ist.

BUTTER-GRÜNKOHL Für den Butter-Grünkohl den Grünkohl waschen und die groben Stängel entfernen. Die Blätter mit einem Messer fein schneiden. In einer Pfanne die Butter erhitzen und den Grünkohl darin garen. Mit Kreuzkümmel, Salz und Pfeffer würzen und gut umrühren. Wenn der Grünkohl dunkelgrün ist, die Pfanne vom Herd nehmen. Den Kohl auf einem Teller anrichten und mit Zitronenachteln garnieren.

BRÄTERBROT
MIT OREGANO UND KÄSE

Ein herrliches LCHF-Brot, das sogar eingefleischte Brotesser lieben.

1 BROT

50 g Butter
5 Eier
100 g Sesamsamen
100 g Kartoffelfasern
3 EL Mandelmehl
3 EL Flohsamenschalen
70 g Hartkäse (z. B. Parmesan), gerieben
2 Knoblauchzehen, fein gehackt
1 EL getrockneter Oregano
1 TL Salz

Olivenöl zum Bestreichen
Flockensalz
frischer und getrockneter Oregano

Den Backofen auf 170 °C vorheizen.

Die Butter zerlassen und leicht abkühlen lassen. In einer großen Schüssel die Eier mit der flüssigen Butter verquirlen. Die übrigen Zutaten hinzufügen und alles zu einem homogenen Teig verarbeiten. Den Teig in einen mit Backpapier ausgelegten kleinen Bräter geben und mit einem feuchten Teigschaber glätten. Mit etwas Öl bestreichen und mit Flockensalz und Oregano bestreuen.

Das Brot im heißen Ofen etwa 30 Minuten backen, bis es goldgelb ist. Herausnehmen und auf einem Kuchengitter abkühlen lassen. Nochmals mit Flockensalz und Oregano bestreuen.

Das Brot in Stücke schneiden oder brechen. Nach Belieben leicht gesalzenes Olivenöl in Dipschälchen dazuservieren.

SEPTEMBER, OKTOBER, NOVEMBER

Kürbissuppe nach Thai-Art
MIT HÄHNCHENFLEISCH

Diese wunderbare Suppe schmeckt Kindern und Erwachsenen gleichermaßen, und zwar zu Recht. Sie schmeckt nach Urlaub in Thailand und hat eine herrlich cremige Konsistenz.

4 PERSONEN

1 Butternusskürbis
1 Zwiebel
1 Knoblauchzehe
1 Stück Ingwer (3–4 cm)
1 Stängel Zitronengras
1 großer EL Kokosöl
2 TL gelbe Currypaste
1 kleiner TL rote Currypaste (je nach gewünschter Schärfe)
1 Dose Kokosmilch
die abgeschöpfte feste Creme von 1 weiterer Dose Kokosmilch
2 EL Tamari
1 EL Fischsauce
200–300 ml Gemüsebrühe oder Hühnerbrühe (siehe Seite 45)
3 Kaffir-Limettenblätter
Saft von 1 Limette
Salz

FÜR DAS FLEISCH
600 g Hähncheninnenfilet
Kokosöl zum Braten

1 Handvoll Korianderblätter
etwas Chilischote, fein gehackt
Limettenachtel

Den Kürbis halbieren, schälen und die Kerne entfernen. Das Kürbisfleisch in Würfel schneiden. Die Zwiebel und den Knoblauch grob hacken, den Ingwer schälen und fein reiben, das Zitronengras fein schneiden.

In einem großen Topf das Kokosöl erhitzen und die Zwiebel, den Knoblauch, den Ingwer, das Zitronengras und die beiden Currypasten hinzufügen. Alles kurz anschwitzen lassen, dann die Kürbiswürfel dazugeben, gut umrühren und leicht anbraten.

Die übrigen Zutaten hinzufügen und die Suppe etwa 15 Minuten kochen lassen.

Wenn die Kürbiswürfel weich sind, die Limettenblätter herausnehmen und die Suppe mit einem Stabmixer cremig pürieren.

FLEISCH Die Hähncheninnenfilets in Würfel schneiden und in einer Pfanne mit etwas heißem Kokosöl rundum braten, bis sie gar sind.

Das Hähnchenfleisch auf vier Schalen verteilen und die Suppe darüberschöpfen. Vor dem Servieren mit Korianderblättern, Chili und Limettenachteln garnieren.

Geschmorte Schweinebacken
MIT ROSENKOHLSALAT

Sowohl bei Schweinebacken als auch bei Rosenkohl rümpfen viele Leute die Nase. Das ist sehr schade, denn, richtig zubereitet, kann beides unglaublich gut schmecken. Setzen Sie dieses Gericht einmal Ihren Gästen vor. Ich verspreche Ihnen, es wird ein voller Erfolg!

4 PERSONEN

FÜR DAS FLEISCH
1 kg Schweinebacken
Butter zum Braten
2 Zwiebeln, gehackt
3 Knoblauchzehen, gehackt
2 Karotten, in dicke Scheiben geschnitten
2 Petersilienwurzeln, in dicke Scheiben geschnitten
500 ml Kalbsfond
375 ml Rotwein (½ Flasche)
je 3–4 Zweige Thymian und Rosmarin
Salz und frisch gemahlener Pfeffer
150–200 ml Schlagsahne

FÜR DAS DRESSING
3 EL kalt gepresstes Olivenöl
2 EL Apfelcidre-Essig
1 TL fein gehackter Thymian

FÜR DEN ROSENKOHLSALAT
500 g Rosenkohl
4 Stangen Sellerie
1 kleiner grüner Apfel
100 g Emmentaler Käse, gewürfelt

1 Portion langzeitgegarte Pilze (siehe Seite 185)

FLEISCH Den Backofen auf 150 °C vorheizen. Die sichtbaren Häute von den Schweinebacken entfernen. In einem großen ofenfesten Topf mit schwerem Boden die Butter erhitzen. Die Schweinebacken nacheinander darin braun anbraten und auf einem Teller beiseitestellen. Die Temperatur reduzieren. Bei Bedarf noch etwas Butter in den Topf geben und die Zwiebeln und den Knoblauch darin anschwitzen. Die Karotten und die Petersilienwurzeln hinzufügen und anbraten.

Nach 5–6 Minuten die Schweinebacken zusammen mit dem Fond, dem Rotwein und den Kräuterzweigen in den Topf geben. Mit Salz und Pfeffer würzen. Den Deckel auflegen und das Fleisch 2–3 Stunden im Backofen (oder auf dem Herd) köcheln lassen. Die Schweinebacken herausnehmen. Die Kräuterzweige entfernen. Die Sauce in einen Topf abseihen und aufkochen. Die Sahne dazugeben und die Sauce bis zur gewünschten Konsistenz einkochen lassen. Die Schweinebacken vor dem Servieren in die Sauce legen und darin erwärmen.

DRESSING UND ROSENKOHLSALAT Alle Zutaten für das Dressing gut verrühren und beiseitestellen.

Für den Rosenkohlsalat die äußeren Blätter vom Rosenkohl entfernen und die Röschen mit dem Gemüsehobel in möglichst dünne Scheiben schneiden. Den Sellerie ebenfalls in dünne Scheiben schneiden, den Apfel entkernen und klein würfeln. Den Rosenkohl, den Sellerie und den Apfel mit dem Dressing vermischen und mit den Käsewürfeln bestreuen.

Die Schweinebacken mit den Pilzen auf einem Teller anrichten, den Rosenkohlsalat und die Sauce getrennt dazureichen.

Langzeitgegarte Pilze (siehe Seite 185)

GEBACKENER BUTTERNUSSKÜRBIS
MIT ZIEGENKÄSE UND WALNÜSSEN

Dieses Kürbisgericht ist ebenso schmackhaft wie dekorativ.

2 PERSONEN

1 Butternusskürbis
Olivenöl zum Bestreichen
Salz und frisch gemahlener Pfeffer
50 g Walnusskerne, grob gehackt
70 g Ziegenkäse (Rolle), in
   Scheiben geschnitten
1 EL Yacon-Sirup

etwas Petersilie, fein gehackt, zum
   Bestreuen

Den Backofen auf 200 °C vorheizen.

Den Kürbis längs halbieren, die Schale nicht entfernen. Die Kerne mit einem Löffel herausschaben und das Fleisch mit einem scharfen Messer kreuzweise einschneiden. Mit Olivenöl bestreichen und mit Salz und frisch gemahlenem Pfeffer bestreuen.

Den Kürbis im heißen Ofen etwa 30 Minuten backen. Herausnehmen, die Walnüsse, die Ziegenkäsescheiben und den Yacon-Sirup darauf verteilen und weitere 5–7 Minuten backen, bis der Ziegenkäse geschmolzen ist. Den Kürbis etwas abkühlen lassen und vor dem Servieren mit der Petersilie bestreuen.

HÄHNCHEN IN HARISSA
MIT GEBACKENEM GEMÜSE

Wenn Sie das Harissa am Wochenende vorbereiten, können Sie dieses Gericht problemlos an einem Wochentag zum Abendessen servieren.

4 PERSONEN

1 großes Hähnchen (etwa 1,8 kg)
Salz und frisch gemahlener Pfeffer
2–3 EL Harissa (gekauft oder selbst gemacht – siehe Seite 198)
2 EL Olivenöl
2 EL griechischer Joghurt (10 % Fett)

FÜR DAS GEBACKENE GEMÜSE
2 rote Paprikaschoten
2 gelbe Paprikaschoten
2 rote Zwiebeln
1 Küchenzwiebel
1 Zucchini
50 ml Olivenöl
2 EL fein gehackter Thymian und Rosmarin

Den Backofen auf 180 °C vorheizen.

Das Hähnchen in der Mitte auf-, aber nicht ganz durchschneiden und auseinanderdrücken, sodass es flach auf der Arbeitsfläche aufliegt. Auf der Hautseite mit Salz und Pfeffer würzen. In einer Schüssel das Harissa, das Olivenöl und den Joghurt verrühren und damit das ganze Hähnchen dick bestreichen. Wenn möglich, auch die Haut ein wenig anheben und etwas von der Marinade darunterstreichen. Das Hähnchen in eine ofenfeste Form legen und im heißen Ofen etwa 1 ½ Stunden backen.

GEMÜSE Das gesamte Gemüse putzen, in grobe Stücke schneiden und in einer Marinade aus Öl, Thymian, Rosmarin, Salz und Pfeffer wenden. Auf einem mit Backpapier belegten Backblech verteilen. Nachdem das Hähnchen etwa 1 Stunde im Backofen war, die Umluftfunktion einschalten und das Blech mit dem Gemüse unter das Hähnchen schieben.

Das Hähnchen ist gar, wenn beim Hineinstechen mit einem spitzen Messer der austretende Fleischsaft klar aussieht. Das Hähnchen herausnehmen und das Gemüse in die Mitte des Backofens schieben. Das Fleisch 10–15 Minuten ruhen lassen, während das Gemüse fertig gart.

Nach Belieben mit Aioli (siehe Seite 48) und zusätzlichem Harissa für das Gemüse servieren.

⊙ Harissa
(siehe Seite 198)

⊙ Aioli
(siehe Seite 48)

Avocado-Pesto

Ein gesundes, nahrhaftes und cremiges Pesto, mit dem Sie immer richtig liegen.

1 GLAS

2 reife Avocados
1 große Handvoll Basilikumblätter
1 große Handvoll glatte Petersilie
2 Knoblauchzehen
40 g Pinienkerne
40 g Parmesan
100 ml kalt gepresstes Olivenöl
1 EL Zitronensaft
Salz und frisch gemahlener Pfeffer

Die Avocados halbieren und entsteinen. Das Fruchtfleisch würfeln und zusammen mit den übrigen Zutaten in der Küchenmaschine zerkleinern.

So lange pürieren, bis ein herrlich cremiges Pesto entsteht. Mit Salz und Pfeffer abschmecken.

Harissa

Verwenden Sie Harissa für einen würzigen Dip oder für das köstliche Harissa-Hähnchen auf Seite 196.

1 GLAS

2 rote Paprikaschoten
3–4 rote Chilischoten
1 rote Zwiebel
5 Knoblauchzehen
50 ml kalt gepresstes Olivenöl
1 EL Tomatenmark
2 EL Zitronensaft
1 TL gemahlener Koriander
1 TL gemahlener Kreuzkümmel
2 TL Salz

Den Backofen mit der Grillfunktion vorheizen.

Die Paprikaschoten längs halbieren und die Samen entfernen. Die Paprikahälften auf ein mit Backpapier belegtes Backblech legen und so lange grillen, bis die Haut schwarz ist. Herausnehmen, ein Stück Backpapier und ein Tuch darüberlegen und abkühlen lassen. Vorsichtig die Haut abziehen und die Paprika zerkleinern.

Die Chilischoten von den Samen befreien und das Fruchtfleisch fein würfeln. Die Zwiebel fein hacken, den Knoblauch pressen. In einer Pfanne das Olivenöl erhitzen und die Zwiebel, den Knoblauch und die Chiliwürfel darin leicht anschwitzen. Zusammen mit den Paprikastücken und den übrigen Zutaten in einen Mixer geben und alles gut pürieren. Mit Salz abschmecken. Das Harissa in einem verschlossenen Glas im Kühlschrank aufbewahren (es ist etwa 1 Woche haltbar).

MOUSSAKA
MIT IN BUTTER GESCHWENKTEM LAUCH UND SPINAT

Ein schmackhaftes griechisches Alltagsgericht oder eine Lasagne mit Auberginenscheiben? Wie dem auch sei, diese Moussaka ist eine wunderbare, sättigende Mahlzeit.

4 PERSONEN

FÜR DIE HACKFLEISCHSAUCE
1 Zwiebel
3 Knoblauchzehen
150 g Waldchampignons
1 kleine Handvoll Basilikumblätter
1 kleine Handvoll glatte Petersilie
Butter oder Kokosöl zum Braten
600 g Rinderhackfleisch
300 g gehackte Tomaten aus der Dose
100 ml Schlagsahne
2 TL Kokoszucker
Salz und frisch gemahlener Pfeffer
250 g frischer Mozzarella

FÜR DIE AUBERGINENSCHEIBEN
2 große Auberginen
2 Eier
Butter oder Kokosöl zum Braten

FÜR DAS TZATZIKI
1 kleine Salatgurke
2 Knoblauchzehen
200 g Crème fraîche (38 % Fett)
1 TL Zitronensaft

FÜR DAS LAUCHGEMÜSE
3–4 Stangen Lauch (nur der weiße Anteil)
100 g frische Spinatblätter
30 g Butter
70 g Fetakäse

HACKFLEISCHSAUCE Für die Hackfleischsauce die Zwiebel und den Knoblauch fein hacken. Die Pilze säubern und klein schneiden. Die Kräuter fein hacken.

In einem Topf etwas Butter oder Kokosöl erhitzen und die Zwiebel, den Knoblauch und die Pilze darin etwa 5 Minuten anschwitzen. Das Hackfleisch hinzufügen und anbraten. Alle übrigen Zutaten bis auf den Mozzarella dazugeben und die Sauce etwa 20 Minuten köcheln lassen.

AUBERGINENSCHEIBEN Die Auberginen an den Enden abschneiden und längs in etwa 1 cm dicke Scheiben schneiden. Mit Salz und Pfeffer bestreuen. Die Eier verquirlen und die Auberginenscheiben darin wenden. In einer Pfanne in reichlich Butter oder Kokosöl goldgelb braten. Auf Küchenpapier abtropfen lassen.

Den Backofen auf 200 °C vorheizen.

Eine ofenfeste Form mit Butter oder Kokosöl einfetten, etwas Hackfleischsauce auf dem Boden verstreichen, dann abwechselnd Auberginenscheiben und Hackfleischsauce hineinschichten. Mit Hackfleischsauce abschließen.

Den Mozzarella in Scheiben schneiden und darauf verteilen. Die Moussaka etwa 20 Minuten im heißen Ofen backen, bis der Käse goldbraun ist. Herausnehmen und vor dem Aufschneiden etwas ruhen lassen.

TZATZIKI Für das Tzatziki die Salatgurke schälen, längs halbieren und die Kerne mit einem Löffel entfernen. Die Gurke grob raspeln, in ein Sieb geben, mit Salz bestreuen und etwa 20 Minuten abtropfen lassen. Den Knoblauch in eine Schüssel pressen. Die Gurke und die übrigen Zutaten hinzufügen und verrühren. Mit Salz abschmecken. Als Beilage zur Moussaka reichen.

LAUCHGEMÜSE Den Lauch in dünne Scheiben schneiden. Die Spinatblätter waschen und mit Küchenpapier trocken tupfen. In einer Pfanne die Butter erhitzen und den Lauch darin anschwitzen. Den Spinat, Salz und Pfeffer hinzufügen und alles gut vermischen. Mit dem zerkrümelten Fetakäse bestreuen und zur Moussaka servieren.

SEPTEMBER, OKTOBER, NOVEMBER

TIPP: Man kann die Schale vom Hokkaidokürbis mitessen – es gibt also keinen Grund, sie zu entfernen.

Confierte Entenkeulen
UND GEBACKENER KÜRBIS MIT CHILI UND FETAKÄSE

An St. Martin gibt es bei mir zu Hause immer confierte Enten-keulen, also Entenkeulen, die im eigenen Fett langzeitgegart wurden. Dabei verwandeln sich die ansonsten etwas zähen Entenkeulen in zartestes Fleisch, das fast von den Knochen fällt.

4 PERSONEN

4–6 Entenkeulen (je nach Größe)
2–3 EL Flockensalz
frische Rosmarin- und Thymianzweige
300 g Entenschmalz (zum
   Confieren)

FÜR DEN GEBACKENEN KÜRBIS
1 Hokkaidokürbis
Olivenöl zum Bestreichen
Salz
1 EL Chiliflocken
70 g Fetakäse

Die Entenkeulen rundum mit dem Flockensalz einreiben und auf einem Teller 3 Stunden im Kühl-schrank ruhen lassen.

Den Backofen auf 100 °C vorheizen.

Die Rosmarin- und Thymianzweige auf dem Boden einer ofenfesten Form verteilen. Das lose Salz von den Entenkeulen entfernen und diese auf die Kräu-ter legen. Das Entenschmalz über die Keulen geben und alles 3 Stunden im warmen Backofen garen las-sen. Dabei alle 30 Minuten die Entenkeulen mit dem Schmalz begießen.

Die fertig gegarten Keulen aus dem Entenschmalz herausnehmen und eventuell festklebende Zweige entfernen.

KÜRBIS Die Backofentemperatur auf 200 °C erhöhen.

Den Kürbis halbieren und die Kerne mit einem Löffel entfernen. Das Fruchtfleisch in Scheiben schneiden, auf ein mit Backpapier belegtes Backblech legen, mit Olivenöl bestreichen und mit Salz bestreuen. Im heißen Ofen 15–20 Minuten backen. Herausnehmen, wenn die Scheiben weich sind, und mit den Chili-flocken und dem zerkrümelten Feta bestreuen. Den Backofen noch nicht ausschalten.

Die Grillfunktion einschalten und die Entenkeulen kurz grillen, bis die Haut knusprig ist.

Die confierten Entenkeulen zusammen mit dem geba-ckenen Kürbis anrichten.

SEPTEMBER, OKTOBER, NOVEMBER

Sellerie-Slaw
(siehe Seite 207)

Harissa
(siehe Seite 198)

⊙ Spicy
Auberginenscheiben
(siehe Seite 207)

⊙ Lamm-Kebab
(siehe Seite 206)

LAMM-KEBAB
MIT SPICY AUBERGINENSCHEIBEN UND SELLERIE-SLAW

Würziger Lamm-Kebab, der auch sehr gut gegrillt werden kann, wenn Sie sich das im Herbst noch trauen.

4 PERSONEN

600 g Lammhackfleisch
1 kleine rote Zwiebel
3 Knoblauchzehen
1 Bund glatte Petersilie
1 Ei
1 TL gemahlener Koriander
1 TL gemahlener Kreuz-
    kümmel
¼ TL Cayennepfeffer
Salz und frisch gemahlener
    Pfeffer

Den Backofen auf 225 °C vorheizen.

Das Fleisch in eine Schüssel geben. Die Zwiebel, den Knoblauch und die Petersilie fein hacken und zusammen mit den übrigen Zutaten zum Fleisch hinzufügen. Alles zu einem homogenen Teig verarbeiten und diesen in kleine Portionen teilen. Das Fleisch um Spieße herum zu länglichen Würsten formen.

Die Lammspieße auf ein mit Backpapier belegtes Backblech legen und im heißen Ofen auf der oberen Schiene etwa 15 Minuten backen. Dabei alle 5 Minuten wenden.

Spicy Auberginenscheiben

4 PERSONEN

2 Auberginen
Olivenöl zum Bestreichen
3 Knoblauchzehen
200 g konzentriertes
    Tomatenpüree
2–3 EL Harissa (siehe Seite 198)
Salz und frisch gemahlener
    Pfeffer

1 Handvoll glatte Petersilie,
    fein gehackt
2 EL Pinienkerne, leicht
    geröstet

Die Auberginen quer in etwa 1 cm dicke Scheiben schneiden und mit Olivenöl bestreichen. In einer Grillpfanne braten, bis sie auf beiden Seiten Farbe bekommen haben.

Den Knoblauch pressen und mit dem Tomatenpüree, dem Harissa, Salz und Pfeffer verrühren. Die Auberginenscheiben mit dieser würzigen Tomatensauce bestreichen.

Auf einer Platte anrichten und vor dem Servieren mit der Petersilie und den Pinienkernen bestreuen.

Sellerie-Slaw

4 PERSONEN

1 kleine Knolle Sellerie
1 grüner Apfel
100 g Crème fraîche (38 % Fett)
1 EL Mayonnaise
1 TL Senf
1 TL gemahlener Kreuzkümmel
etwas Zitronensaft
Salz und frisch gemahlener
    Pfeffer

Currymandeln (siehe Seite
    149), leicht geröstet
1 kleines Bund glatte Petersilie

Den Sellerie schälen, den Apfel entkernen. Beides grob raspeln oder schneiden und in einer Schüssel mischen. Ein Dressing aus Crème fraîche, Mayonnaise, Senf, Kreuzkümmel, Zitronensaft sowie Salz und Pfeffer anrühren und mit der Rohkost vermengen.

Die Currymandeln und die Petersilie hacken und vor dem Servieren darüberstreuen.

APFELTARTE

*Kein Herbst ohne Apfelkuchen.
So ist das einfach. Diese Tarte
mit Nussboden hat ein herrliches
Karamellaroma.*

6–8 PERSONEN

FÜR DEN BODEN
150 g Pekannusskerne
150 g Mandeln
50 g weiche Butter
1 Ei
2 EL Sukrin Gold (nach Belieben)
1 EL gemahlener Zimt
1 TL gemahlener Kardamom
Butter oder Kokosöl für die Form

FÜR DEN BELAG
5 Herbstäpfel (z. B. Ingrid-Marie,
   Elstar usw.)
1 EL gemahlener Zimt
½ TL Vanillepulver
1 EL Kokoszucker

etwas mit Zimt vermischter
   Kokoszucker
leicht geschlagene Schlagsahne
   oder Crème fraîche (38 % Fett)

BODEN Für den Boden die Nüsse und Mandeln in
der Küchenmaschine zu Mehl mahlen und in eine
Schüssel geben. Die übrigen Zutaten hinzufügen
und mit den Händen zu einem Teig verkneten.
Eine Tarteform (24 cm Ø) mit Butter oder Kokosöl
einfetten und den Teig hineindrücken. Dabei einen Rand formen. (Dies ist reichlich Teig für eine
kleine Tarteform, sodass der Boden recht dick
wird. Das macht aber nichts, denn er schmeckt
herrlich nach Karamell!) Den Boden mehrmals mit
einer Gabel einstechen und 30 Minuten im Kühlschrank ruhen lassen.

Den Backofen auf 170 °C vorheizen. Den Boden
etwa 15 Minuten vorbacken.

BELAG Für die Füllung einen Apfel beiseitelegen.
Die übrigen Äpfel schälen, entkernen und in kleine Würfel schneiden. Die Apfelwürfel mit 1–2 EL
Wasser und den übrigen Zutaten in einen Topf
geben und in etwa 10 Minuten weich kochen.

Den letzten Apfel vierteln, entkernen und in dünne Spalten schneiden.

Die Apfelfüllung auf dem vorgebackenen Boden
verteilen. Die Apfelspalten kreisförmig auf die
Apfelfüllung legen. Mit etwas Kokoszucker-Zimt-
Mischung bestreuen. Die Tarte etwa 20 Minuten
backen. Mit leicht geschlagener Schlagsahne
oder einem Klecks Crème fraîche servieren.

SEPTEMBER, OKTOBER, NOVEMBER

TIPP: *Ersetzen Sie die Hälfte der Karotten durch Zucchini.*

HIMMLISCHE

KAROTTENMUFFINS

*Jetzt sind wir bei den Gewürz-
kuchen angelangt. Für eine Version
mit weniger Kohlenhydraten können Sie die Karotten durch Zucchini
ersetzen.*

12 STÜCK

1 reife Banane
6 Eier
4 EL Kokoszucker oder Sukrin Gold
100 g Butter
100 ml Schlagsahne
200 g Kokosmehl
100 g Nussmehl (z. B. Mandeln
    oder Walnusskerne)
2 TL Backpulver
1 EL gemahlener Zimt
1 TL gemahlener Ingwer
1 TL gemahlene Nelken
1 TL gemahlener Kardamom
2 große Karotten, gerieben (etwa
    250 g)
abgeriebene Schale von 1 unbe-
    handelten Orange

FÜR DAS FRISCHKÄSE-TOPPING
150 g Frischkäse
50 g weiche Butter
2 EL Sukrin Melis
1 EL Orangensaft
abgeriebene Schale von 1 unbe-
    handelten Orange

10 Mandeln, gehackt
abgeriebene Schale von ½ unbe-
    handelten Orange

Für die Muffins die Banane in einer großen
Schüssel zerdrücken. Die Eier und den Kokoszucker hinzufügen und alles gut verrühren. Die Butter zerlassen und zusammen mit
den übrigen Zutaten dazugeben und untermischen. Den Teig einige Minuten ruhen lassen, bis er die richtige Konsistenz hat.

Den Backofen auf 175 °C vorheizen.

Den Teig in zwölf Muffinförmchen verteilen
und im heißen Ofen 25–30 Minuten backen.
Herausnehmen und abkühlen lassen.

TOPPING Alle Zutaten für das Topping verrühren und die Muffins damit bestreichen.

Mit den gehackten Mandeln und der Orangenschale bestreuen.

SEPTEMBER, OKTOBER, NOVEMBER

⊙ Zuckerfreier Erdbeersaft (siehe Seite 214)

⊙ Himbeermus (siehe Seite 214)

Geburtstagsbrötchen

Mehlfreie Brötchen sind mit Brötchen aus Weizenmehl nicht vergleichbar, weder in der Konsistenz noch im Geschmack. Aber diese schmecken wirklich gut.

12-14 STÜCK

150 g Butter
8 Eier
1 EL Kokoszucker
100 ml Schlagsahne
200 g Mandelmehl
100 g Kartoffelfasern
150 g Kokosmehl
2 TL Backpulver
1–2 TL gemahlener Kardamom

1 Ei, verquirlt, zum Bestreichen

Die Butter zerlassen. In einer Schüssel die Eier mit dem Kokoszucker verquirlen, dann die flüssige Butter und die Schlagsahne hinzufügen und unterrühren. In einer weiteren Schüssel die übrigen Zutaten mischen, die Eiermasse dazugeben und alles gut verrühren. Den Teig etwa 10 Minuten ruhen lassen, bis er fester geworden ist.

Den Backofen auf 180 °C vorheizen. Den Teig vorsichtig zu 12–14 Brötchen formen. Wenn er zu sehr klebt, die Hände zwischendurch mit kaltem Wasser befeuchten. Die Brötchen mit dem verquirlten Ei bestreichen, auf ein mit Backpapier belegtes Backblech legen und im heißen Ofen 20–25 Minuten backen, bis sie oben goldbraun sind.

Himbeermus

Ein blitzschneller Aufstrich ganz ohne Süßungsmittel – kein Problem!

1 GLAS

300 g tiefgekühlte Himbeeren
½ TL Vanillepulver
1 EL Chiasamen (nach Belieben)

Die Himbeeren zusammen mit dem Vanillepulver und eventuell etwas Wasser in einen Topf geben und aufkochen. Die Temperatur reduzieren und die Himbeeren 5–10 Minuten köcheln lassen, bis sie zerfallen. Abkühlen lassen.

Nun die Himbeermasse nach Belieben mit den Chiasamen vermischen und in ein heiß ausgespültes, verschließbares Glas füllen. Sie hält sich im Kühlschrank 3–4 Tage.

Zuckerfreier Erdbeersaft

Zuckerfreier Saft enthält normalerweise alle möglichen künstlich hergestellten Süßungsmittel. Dieser Saft erhält seine Süße nur durch den natürlichen Zuckergehalt der Früchte.

1-2 FLASCHEN

1 kg tiefgekühlte Erdbeeren
(oder frische, wenn Sie diesen
Saft im Sommer zubereiten)
1 Vanilleschote
abgeriebene Schale von
1 unbehandelten Zitrone

Die Erdbeeren mit 500 ml Wasser in einen Topf geben. Die Vanilleschote längs aufschneiden, das Mark herausschaben und das Mark sowie die Schote zusammen mit der Zitronenschale dazugeben. Aufkochen und die Beeren etwa 20 Minuten köcheln lassen. Dann den Saft durch ein feinmaschiges Sieb oder ein Baumwolltuch abseihen. In heiß ausgespülte Flaschen gießen. Der Saft hält sich einige Tage im Kühlschrank. Mit Wasser oder Mineralwasser verdünnt, servieren.

WAFFELN
MIT SCHOKOSTÜCKCHEN

Waffeln sind ein toller Kuchenersatz für einen Kindergeburtstag. Wir haben auf jeden Fall noch nie Klagen gehört.

6 WAFFELN

4 Eier
200 g Frischkäse
2 ½ EL Mandelmehl
1 ½ EL entöltes Mandelmehl
½ TL Vanillepulver
½ TL gemahlener Kardamom
1 TL Backpulver
50 g dunkle Schokolade

FÜR DIE VANILLECREME
250 g Mascarpone
1 EL Sukrin Melis
2 EL Schlagsahne
½ TL Vanillepulver

MÖGLICHE TOPPINGS
Bananenscheiben
in Zimt gewendete Apfelwürfel
frische Beeren
Himbeermus (siehe Seite 214)
mit Himbeermus verrührte
  Schlagsahne
geröstete Kokosflakes
Haselnusscreme (siehe Seite 178)
Nussbutter oder Erdnussbutter

Das Waffeleisen vorheizen.

Für die Waffeln in einer Schüssel die Eier mit dem Frischkäse zu einer homogenen Masse verrühren. Die übrigen Zutaten (außer der Schokolade) hinzufügen und alles gut verrühren. Die Schokolade hacken und unter den Teig mischen. Im heißen Waffeleisen sechs Waffeln backen.

VANILLECREME In einer Schüssel alle Zutaten für die Vanillecreme verrühren.

TOPPINGS Die Waffeln mit der Vanillecreme und den Lieblingstoppings Ihrer Kinder servieren.

POPCAKES – ZWEI VERSIONEN

Ich habe einen Sohn, der Weihnachtsgewürze liebt, und eine Tochter, die Schokolade liebt. Deshalb kommen zu ihrem gemeinsamen Geburtstag immer zwei verschiedene Sorten Popcakes auf den Tisch.

SCHOKOLADENTRÜFFEL-POPCAKES

ETWA 15 STÜCK

100 g dunkle Schokolade
50 g Butter
2 Eier
1 EL Yacon-Sirup oder Kokoszucker
50 g Kokosraspel
½ TL Rumaroma (nach Belieben)
100 g Frischkäse

FÜR DEN ÜBERZUG
100 g dunkle Schokolade
gefriergetrocknete Himbeeren, gehackt

Die Schokolade hacken und zusammen mit der Butter in einer Schüssel über dem heißen Wasserbad schmelzen. Dann die Schüssel beiseitestellen. In einer weiteren Schüssel die Eier mit dem Sirup oder dem Kokoszucker verquirlen. Die Schokoladenmasse zu der Eimischung geben und die Kokosraspel und nach Belieben das Rumaroma hinzufügen. Alles gründlich verrühren.

Den Backofen auf 180 °C vorheizen.

Den Schokoladenteig in eine mit Backpapier ausgelegte Backform geben und etwa 20 Minuten backen. Herausnehmen und im Kühlschrank fest werden lassen.

Den Kuchen in kleine Stücke schneiden und mit dem Frischkäse mit dem Handrührgerät verrühren.

Aus der Masse etwa 15 Kugeln formen und auf Stäbchen oder Papierröhrchen stecken. Im Kühlschrank wieder fest werden lassen.

ÜBERZUG Die Schokolade über dem heißen (nicht kochenden!) Wasserbad schmelzen. Die Popcakes eintauchen, dann mit gefriergetrockneten Himbeeren garnieren. Bis zum Servieren im Kühlschrank aufbewahren.

LEBKUCHEN-POPCAKES

ETWA 15 STÜCK

180 g ungesalzene Cashewkerne
50 g getrocknete Aprikosen, eingeweicht
2 EL Kokosöl
2 TL gemahlener Zimt
2 TL gemahlene Nelken
½ TL gemahlener Kardamom
1 Msp. weißer Pfeffer
1 Prise gemahlener Ingwer

70 g Pistazien, fein gehackt

Alle Zutaten (bis auf die Pistazien) in der Küchenmaschine zu einem glatten Teig verarbeiten und aus der Masse etwa 15 Kugeln formen. Die Kugeln in den fein gehackten Pistazien wälzen und auf Stäbchen oder Papierröhrchen stecken. Im Kühlschrank fest werden lassen. Erst unmittelbar vor dem Servieren herausnehmen.

Gesundes für den Kindergeburtstag

Bananeneis am Stiel
MIT SCHOKOLADE

Ich habe noch kein Kind getroffen, das dieses weiche, süße Eis am Stiel nicht gemocht hat.

8 STÜCK

4 reife Bananen
100 g dunkle Schokolade
Erdnüsse, gehackt

8 Eisstiele (in Geschäften für Kuchenbedarf erhältlich)

Die geschälten Bananen einmal quer durchschneiden und die Hälften jeweils auf einen Eisstiel stecken. Die Bananen auf einen mit Backpapier belegten Teller legen und für einige Stunden in den Gefrierschrank stellen. Die Schokolade über dem heißen (nicht kochenden!) Wasserbad schmelzen und über die tiefgekühlten Bananen träufeln. Dann so schnell wie möglich mit den gehackten Erdnüssen bestreuen.

Weintraubenspiesse

Man kann sie wie hier frisch servieren oder tiefkühlen. Dann hat man plötzlich Weintraubeneis.

8 SPIESSE

500 g kernfreie weiße und blaue Weintrauben

Die weißen und blauen Weintrauben abwechselnd auf die Holzspieße ziehen.

Erdbeeren
MIT SCHOKOLADE UND KOKOS

Diese Erdbeeren eignen sich hervorragend zum Verteilen in der Schule am Geburtstag anstelle der obligatorischen Schaumküsse.

2 Schalen Erdbeeren
200 g dunkle Schokolade
50 g Kokosraspel

Die Erdbeeren säubern, ohne die grünen Kelchblätter zu entfernen. Die Schokolade über dem heißen (nicht kochenden!) Wasserbad schmelzen. Die Spitzen der Erdbeeren in die Schokolade tauchen und mit Kokosraspeln bestreuen. In eine mit Backpapier ausgelegte Schale legen. Bis zum Servieren in den Kühlschrank stellen.

Apfelcookies

Diese kleinen Happen kommen immer gut an.

4 Äpfel
3 EL Erdnussbutter oder Nussbutter
30 g Schokolade, gehackt
30 g Pekannüsse, gehackt
1 EL Kokosflakes, geröstet und gehackt

Das Kerngehäuse der Äpfel mit einem Ausstecher entfernen, dann die Äpfel in dünne Scheiben schneiden. Mit der Erdnussbutter oder Nussbutter bestreichen und mit Schokostückchen, Pekannüssen und Kokosflakes bestreuen.

TIPP: Entfernen Sie lieber die Stäbchen, bevor Sie die Spieße Kindern geben. Nicht dass etwas ins Auge geht.

TIPP: *Nennen Sie diesen Kuchen vor den Kindern am besten den »Du-weißt-schon-Kuchen«, denn «Zucchinikuchen» klingt in ihren Ohren vielleicht nicht so schmackhaft.*

Schokoladenkuchen
MIT ZUCCHINI UND KOKOSGLASUR

Zucchini in einem Schokoladenkuchen – vielleicht schütteln Sie jetzt den Kopf. Aber glauben Sie mir, die Kinder merken es gar nicht! Der Kuchen ist schwer, schokoladig und schmeckt sündhaft gut.

1 KLEINER BLECHKUCHEN

150 g dunkle Schokolade
150 g Butter
1 Zucchini (etwa 200 g)
2 Eier
50 g Sukrin Gold oder
   Kokoszucker
25 g Kakaopulver
1 TL Vanillepulver
100 g Kartoffelfasern

FÜR DIE KOKOSGLASUR
100 g Butter
200 g Kokosraspel
60 g Kokoszucker
2–3 EL Kakaopulver
1 EL zubereiteter Espresso
½ TL gemahlener Zimt

Die Schokolade hacken und mit der Butter über dem heißen Wasserbad schmelzen. Die Zucchini an den Enden abschneiden und raspeln. In eine Schüssel geben und mit den Eiern, dem Sukrin Gold oder Kokoszucker, dem Kakaopulver und dem Vanillepulver zu einer homogenen Masse verrühren. Die Schokoladenmasse hinzufügen und alles mit dem Handrührgerät gut verrühren. Zum Schluss die Kartoffelfasern untermischen. Den Teig auf ein mit Backpapier ausgelegtes kleines Blech geben und im heißen Ofen etwa 25 Minuten backen. Danach sieht der Kuchen noch etwas ungebacken aus, aber das soll so sein. Etwas abkühlen lassen.

GLASUR Für die Kokosglasur die Butter bei niedriger Temperatur zerlassen und die übrigen Zutaten hinzufügen. Zu einer glatten Glasur verrühren und den Kuchen damit bestreichen.

Den Kuchen für 3 Stunden in den Kühlschrank stellen, dann erst in Stücke schneiden und servieren. Der Kuchen und die Kokosglasur schmecken besonders köstlich und schokoladig, wenn sie ganz durchgekühlt sind.

SEPTEMBER, OKTOBER, NOVEMBER

DEZEMBER

Im Dezember ist es kein Problem, »High Fat« zu essen; die Mahlzeiten in der Adventszeit sind schließlich in der Regel recht fett. »Low Carb« hingegen ist schon eine etwas größere Herausforderung. Denn es gibt viele Dinge im Zusammenhang mit Weihnachten, Weihnachtsessen und Weihnachtstraditionen, die sich mit einer kohlenhydratarmen Ernährung nicht sonderlich gut vertragen.

WEIHNACHTEN UND TRADITIONEN MIT LCHF

Weihnachten ist eine Zeit, in der viele Menschen Sicherheit darin finden, dass alles »wie immer« ist. Darum kann es schwierig sein, neue Ideen für das Weihnachtsessen durchzusetzen, denn egal, wie köstlich sie schmecken, sie sind doch nicht das Original.

In meiner Familie versuchen wir, einen Kompromiss zu finden, mit dem alle zufrieden sind. Am Weihnachtsabend, den wir bei uns zu Hause feiern, ersetzen wir die obligatorischen Kartoffeln durch Wurzelgemüse. Außerdem kommen immer Rotkohlsalat und ein knackiger Weißkohlsalat als kleiner Kontrast zu der fetten Mahlzeit auf den Tisch.

Wir haben recht lange am Milchreis festgehalten, der ein fester Bestandteil des typischen skandinavischen Weihnachtsessens ist, bis wir schließlich feststellten, dass eigentlich keiner von uns ihn wirklich gerne mochte. Stattdessen haben wir dann drei verschiedene Sorten selbstgemachtes Eis eingeführt. Das war natürlich ein Bruch mit der Tradition, aber das war etwas, was die ganze Familie wollte.

Wenn wir am Weihnachtsabend bei anderen zu Besuch sind, wird das Menü natürlich von den Gastgebern festgelegt. Wir bieten dann meistens an, Weihnachtskonfekt oder einen Rotkohlsalat für das Weihnachtsessen mitzubringen.

DIE WEIHNACHTSZEIT GUT ÜBERSTEHEN

Gesund durch die Weihnachtszeit zu kommen, ist in jedem Fall eine Herausforderung, egal welche Ernährung man im Alltag verfolgt. Da sind die Weihnachtsessen, Weihnachts-feiern und das Adventskaffeetrinken am Arbeitsplatz, in der Kita, in der Schule, im Hort, und überall stehen Pfeffernüsse, Lebkuchen, Schokolade und Süßigkeiten herum. Und da ist man noch gar nicht zu den eigentlichen Weihnachtstagen vorgedrungen, an denen es dann noch mal jede Menge Weihnachtsleckereien gibt.

Sie können jetzt wählen, ob Sie sich in die Rolle des armen chancenlosen Opfers begeben wollen, das von allen Seiten von den süßen Dingen überfallen wird, oder Sie können sich selbst ernst nehmen. Wenn Sie während des Jahres an der Änderung Ihrer Gewohnheiten gearbeitet haben, dann ist Weihnachten eine sehr gute Gelegenheit, um zu überprüfen, wie weit Sie gekommen sind.

Allerdings wäre das Ziel, mit hundertprozentig perfektem striktem LCHF durch den Adventsmonat zu kommen, für viele doch etwas zu hoch angesetzt. Es ist immer möglich, die Forderungen etwas herunterzuschrauben, ohne damit größeren Schaden anzurichten.

• ENTWICKELN SIE EINE REALISTISCHE STRATEGIE

Was ist Ihr Ziel für den Monat Dezember? Wollen Sie sich gehen lassen und sich erst im Januar wieder um Gewicht und Gesundheit kümmern (das kann an sich auch eine gute Lehre sein), oder haben Sie sich das Ziel gesetzt, nicht zuzunehmen? Ausgehend von Ihrem persönlichen Ziel, können Sie sich z. B. entscheiden, den Monat Dezember glutenfrei zu halten, Lebkuchen und Pfeffernüsse zu meiden und stattdessen eine Clementine zu essen, wenn Sie bei der dritten Weihnachtsfeier der Woche in der Kita, der Firma oder im Verein sitzen.

- **WÄHLEN SIE IHRE AUSNAHMEN GUT**

Im Dezember gibt es wahrscheinlich einige Tage, die Sie unter Ausnahmen verbuchen müssen.

Für mich sind das in der Regel die alljährliche Weihnachtsfeier in der Firma (zu viel Wein), der Weihnachtsabend (zu viel Schokolade) und Silvester (zu viel von allem).

Wenn Sie aktiv bestimmte Veranstaltungen auswählen, haben Sie Ihr Gehirn auf Ihrer Seite. Sie sind dann nämlich kein Opfer mehr, denn Sie wurden ja nicht einfach so überfallen. Sie haben einfach eine kluge Entscheidung getroffen, und drei von 31 Tagen sind für ein stabiles Gewicht durchaus realistisch.

Aber Sie müssen natürlich keine Tage einlegen, an denen Sie sich gehen lassen. Vielleicht wissen Sie, dass der Konsum von Zucker, Getreide, Alkohol usw. Sie niedergeschlagen macht oder dass es Ihnen schwer fällt, wieder aufzuhören, und Sie daher mehrere Tage brauchen, um wieder in die Spur zu kommen. In dem Fall ist es natürlich besser für Sie, diese Dinge einfach abzulehnen.

- **HALTEN SIE AN IHRER ALLTAGSERNÄHRUNG FEST**

Auch wenn Sie sich dafür entscheiden, an einigen Tagen von Ihrer LCHF-Ernährung abzuweichen, sollten Sie versuchen, nicht in die Falle zu tappen, diese Abweichungen auch an anderen Tagen weiterzuführen. Versuchen Sie auch, jeden Gedanken daran zu vermeiden, wegen Ihrer Ausschweifungen »am Essen zu sparen«, »weniger zu essen« oder »sich zu bestrafen«. Dies führt nämlich nur dazu, dass Sie nicht richtig

satt werden und dadurch keine ausreichende Widerstandskraft gegen die vielen Versuchungen haben. Und dann haben Sie im Handumdrehen die ganze Schüssel mit den Pfeffernüssen aufgegessen, obwohl Sie sich eigentlich vorgenommen hatten, sie stehen zu lassen. Sie dürfen sich satt (und glücklich) essen, jeden Tag. Auch im Dezember.

- **ZIEHEN SIE IHRE WANDERSCHUHE AN**

Normalerweise propagiere ich nicht, dass wir Sport treiben müssen, um unser Gewicht zu halten.

Der Dezember ist jedoch ein ausgezeichneter Monat, um etwas zusätzliche Bewegung in den Alltag aufzunehmen. Vor allem aus dem Grund, dass wir viele Tage haben, an denen wir – höchstwahrscheinlich – mehr essen, als wir eigentlich wollen. Also, ziehen Sie Wanderschuhe an und bewegen Sie sich draußen an der frischen Luft. Wenn Sie Zeit haben, am besten täglich, ansonsten einfach so oft, wie Sie Gelegenheit dafür haben. Nehmen Sie die Familie mit. Bewegung tut allen gut!

GENIESSEN SIE ENDLICH!

Denken Sie daran zu genießen. Sie haben eine gute Strategie, und Sie halten sich im Großen und Ganzen daran. Darauf können Sie stolz sein. Es wird Ihnen gelingen, durch die Weihnachtszeit zu kommen und Ihre gesunden Gewohnheiten beizubehalten. Genießen Sie also Ihre kleinen Abweichungen. Schütteln Sie jeden Gedanken an ein schlechtes Gewissen ab und genießen Sie jeden Bissen. Vielleicht merken Sie ja dabei sogar, dass Christstollen und Früchtebrot gar nicht so gut schmecken wie in Ihrer Erinnerung. Dann sind Sie um eine Erfahrung reicher.

⊙ Pfeffernüsse
(siehe Seite 230)

Weihnachten mit LCHF

⊙ Lebkuchen
(siehe Seite 231)

PFEFFERNÜSSE

Zu Weihnachten gehören Pfeffernüsse einfach dazu. Diese hier haben den herrlichen Pfeffernussgeschmack, aber leider nicht die gewohnte Knusprigkeit.

ETWA 70 STÜCK

100 g weiche Butter
1 Ei
40 g Sukrin Gold
70 g entöltes Mandelmehl, mehr zum Verarbeiten
1 Tüte Lebkuchengewürz ohne Zucker

In einer Schüssel die Butter mit dem Ei und dem Sukrin Gold verrühren. Das Mandelmehl und das Pfeffernussgewürz hinzufügen und den Teig mit den Händen verkneten. Etwas Mandelmehl auf die Arbeitsfläche streuen und den Teig kneten, bis er nicht mehr klebt. Für etwa 1 Stunde kühl stellen.

Den Backofen auf 170 °C vorheizen.

Aus dem Teig kleine Kugeln mit dem Durchmesser eines Ein-Euro-Stücks formen und flach drücken. Auf ein mit Backpapier belegtes Backblech legen und im heißen Ofen etwa 15 Minuten backen. Herausnehmen und auf einem Kuchengitter abkühlen lassen.

> **TIPP:**
> *Wenn Sie den kühlen Geschmack der Sukringlasur nicht mögen, können Sie Kokoscreme (im Reformhaus erhältlich) schmelzen und mit etwas Sukrin Melis anrühren.*

LEBKUCHEN
– ODER PLÄTZCHEN MIT GLASUR

Diesen Grundteig verwenden wir sowohl für Lebkuchen als auch für Figuren, die die Kinder ausstechen und verzieren können.

ETWA 40 STÜCK

150 g weiche Butter
3 EL Sukrin Gold oder Kokoszucker
100 g entöltes Mandelmehl, mehr
   zum Verarbeiten
1–2 EL Kartoffelfasern
1 Tüte Lebkuchengewürz ohne
   Zucker
1 TL Backpulver

FÜR DIE GLASUR
100 g Sukrin Melis

In einer Schüssel alle Zutaten für die Lebkuchen/Plätzchen verrühren und den Teig zu einer Kugel formen. Für 30 Minuten in den Kühlschrank stellen. Dann kleine Kugeln aus dem Teig formen; das erleichtert die Arbeit.

Den Backofen auf 180 °C vorheizen.

Etwas Mandelmehl auf die Arbeitsfläche streuen und den Teig darauf mit einer Teigrolle ausrollen.
Kleine Figuren ausstechen oder den Teig in Vierecke schneiden und die Teigstücke auf ein mit Backpapier belegtes Backblech legen. Die Kekse im heißen Ofen 8–10 Minuten backen. Auf einem Kuchengitter abkühlen lassen.

GLASUR Für die Glasur das Sukrin Melis mit etwa 1 TL Wasser glatt rühren. Die abgekühlten Kekse damit bestreichen, trocknen lassen und in einer Keksdose aufbewahren.

Falscher Milchreis

MIT KOKOSZUCKER UND ZIMT

Milchreis ist in Skandinavien eine so wichtige Weihnachtstradition, dass man damit vielleicht nicht experimentieren sollte. Ich habe es aber trotzdem getan. Dieser Brei schmeckt übrigens auch Kindern und Erwachsenen zum Frühstück.

2 PERSONEN

3 Eier
3 EL Mandelmehl
4 EL Kokosmehl
100 ml Vollmilch
100 ml Schlagsahne

Butter für den Butterklecks

FÜR DEN ZIMT-KOKOS-ZUCKER
100 g Kokoszucker
1 EL gemahlener Zimt

Für den Milchreis die Eier, das Mandelmehl, das Kokosmehl, die Milch und die Sahne in einen Topf geben und alles unter ständigem Rühren erhitzen. (Achtung, die Masse brennt leicht an!) Wenn der Brei dick geworden ist, sofort vom Herd nehmen und so lange weiterrühren, bis er die gewünschte Konsistenz hat.

ZIMT-KOKOS-ZUCKER Für den Zimt-Kokoszucker den Kokoszucker und den Zimt vermischen und in einem Glas aufbewahren.

Den Brei in Portionsschalen füllen, einen ordentlichen Klecks Butter daraufgeben und über jede Portion 1 TL Zimt-Kokos-Zucker streuen.

KRAPFEN
MIT ÄPFELN

Dieses beliebte Weihnachtsgebäck wird in Dänemark Æbleskiver (Apfelscheiben) genannt, obwohl es gar keine Äpfel enthält. Jetzt können auch wir unsere Freunde im Dezember zu selbst gebackenen Krapfen einladen. Mit Äpfeln!

10 STÜCK

40 g Butter, mehr zum Braten
2 Eier
100 ml Sahne oder Milch
1 EL Sukrin Gold
100 g entöltes Mandelmehl
½ TL Vanillepulver
½ TL gemahlener Kardamom
3 Äpfel

Sukrin Melis zum Bestauben

Die Butter zerlassen und in eine Schüssel geben. Die Eier, die Sahne und das Sukrin Gold hinzufügen und unterrühren. Die trockenen Zutaten dazugeben und untermischen. Den Teig 5–10 Minuten ruhen lassen, damit das Mandelmehl die Flüssigkeit aufsaugen kann.

Die Äpfel nicht schälen, die Kerngehäuse mit einem Ausstecher entfernen. Die Äpfel quer in dünne Scheiben schneiden, sodass Apfelringe entstehen.

Die Apfelringe in den dicken Teig tauchen, der sich auf beiden Seiten gut verteilen soll. In einer Pfanne reichlich Butter erhitzen. Die Apfelscheiben darin braten und dabei so wenig wie möglich bewegen, da sie leicht zerfallen.

Die Apfelkrapfen mit Sukrin Melis bestauben und nach Belieben Himbeermus (siehe Seite 214) dazureichen.

Zuckerfreier Glögg
MIT ZIMTSAHNE

Auch der Glögg gehört in Skandi-
navien zur Weihnachtszeit und lässt
sich in einer wesentlich weniger
süßen Variante zubereiten. Überra-
schen Sie Ihre Gäste mit Zimtsahne,
die normalerweise nicht dazugehört.

6–8 PERSONEN

FÜR DEN GLÖGG-EXTRAKT
(REICHT FÜR 5 PORTIONEN)
1 EL Kardamomkapseln
1 EL ganze Nelken
1 EL gemahlener Piment
2–3 Zimtstangen
5–6 Sternanis
1 aufgeschnittene Vanilleschote
abgeriebene Schale und Saft von
    2 unbehandelten Orangen
abgeriebene Schale von 1 unbehan-
    delten Zitrone
5 Scheiben frischer Ingwer
200 ml guter Apfelsaft
1–2 EL Yacon-Sirup (oder Kokossirup
    bzw. Honig)

FÜR DEN GLÖGG
1 Flasche Rot- oder Weißwein
200 ml Glögg-Extrakt
100 g Mandeln
1 Apfel
60 g Rosinen
unbehandelte Orangenscheiben zum
    Garnieren

FÜR DIE ZIMTSAHNE
250 ml Schlagsahne
1 EL Sukrin Melis
2 TL gemahlener Zimt

GLÖGG-EXTRAKT Für den Glögg-Extrakt die Kardamomkapseln aufdrücken und zusammen mit den
übrigen Zutaten sowie 700 ml Wasser in einen Topf
geben. Den Glögg-Extrakt etwa 30 Minuten köcheln lassen, dann den Topf mindestens 3 Stunden
oder über Nacht kalt stellen. Den Glögg-Extrakt
abseihen und in eine kleine Flasche füllen.

GLÖGG Zur Zubereitung des Glöggs den Rot- oder
Weißwein in einem Topf erhitzen und den Glögg-
Extrakt dazugießen. Die Mischung darf nicht auf-
kochen.

Die Mandeln abziehen und hacken. Den Apfel vierteln, entkernen und klein würfeln. Die gehackten
Mandeln, die Apfelwürfel und die Rosinen in hitze-
beständige Gläser verteilen und den heißen Glögg
darübergießen. Mit Orangenscheiben garnieren.

ZIMTSAHNE Für die Zimtsahne die Sahne mit dem
Sukrin Melis und dem Zimt steif schlagen und
separat dazureichen.

TIPP:
Für einen stärkeren Glögg die Rosinen in Weinbrand einweichen oder zusätzlich Portwein, Weinbrand o. Ä. in den Glögg mischen.

WEIHNACHTSKONFEKT

Selbst gemachtes Marzipan, Nougat und zartgrüne Pistazienmasse sind die Grundlagen für dieses himmlische Konfekt. Man kann sie aber auch einfach so naschen – doch Vorsicht, sie schmecken gefährlich gut!

FÜR DAS MARZIPAN
300 g Mandelmehl
3 EL Sukrin Melis
1 TL Mandelaroma
2 Eiweiß von kleinen Eiern

FÜR DAS NOUGAT
150 g dunkle Schokolade
200 g Haselnusscreme (im Reformhaus erhältlich)
etwa 1 EL Sukrin Melis (nach Belieben)

FÜR DIE PISTAZIENMASSE
100 g ungesalzene Pistazien
1 EL Sukrin Melis
100 g selbst gemachtes Marzipan (siehe oben)
1 Eiweiß von 1 kleinen Ei

FÜR DEN ÜBERZUG
200 g Schokolade
ungesalzene Pistazien, gehackt
gehäutete Mandeln, teils gehackt, teils im Ganzen

MARZIPAN In einer Schüssel alle Zutaten vermischen. Dabei zuerst mit einem Löffel rühren, dann das Marzipan mit den Händen verkneten. Das Marzipan für 1 Stunde in den Kühlschrank stellen, bis es schnittfest ist. (Später werden davon 100 g für die Zubereitung der Pistazienmasse abgenommen.)

NOUGAT Die Schokolade grob hacken und in einer Schüssel über dem heißen (nicht kochenden!) Wasserbad schmelzen. Die Haselnusscreme dazugeben und zu einer gleichmäßigen Masse verrühren. Nach Belieben mit dem Sukrin Melis abschmecken. Die Masse in eine mit Frischhaltefolie ausgelegte Form gießen und in den Kühlschrank stellen (am besten über Nacht).

PISTAZIENMASSE Die Pistazien zusammen mit dem Sukrin Melis in der Küchenmaschine zu einem feinen Mehl mahlen und dieses unter die Marzipanmasse mischen. Nach und nach das Eiweiß hinzugeben, bis ein kleiner grüner Klumpen entstanden ist. Die Pistazienmasse vor der Verwendung etwas ruhen lassen.

Aus dem Marzipan, dem Nougat und der Pistazienmasse kleine Kugeln formen oder Vierecke ausschneiden und sie je nach Geschmack zusammenfügen. In den Kühlschrank stellen und etwas fest werden lassen.

ÜBERZUG Die Schokolade grob hacken und in einer Schüssel über dem heißen (nicht kochenden!) Wasserbad schmelzen. Das Konfekt mithilfe von zwei Gabeln hineintauchen. Auf einen mit Backpapier belegten Teller legen und nach Belieben mit gehackten oder ganzen Mandeln oder Pistazien garnieren, um die verschiedenen Sorten kenntlich zu machen. Im Kühlschrank fest werden lassen.

◉ Marzipan

◉ Pistazienmasse

◉ Nougat

◉ Weihnachtskonfekt

SCHOKOLADIGE

KOKOSKUGELN

*Diese Kugeln schmecken ein-
fach himmlisch, sind aber auch
sehr fetthaltig. Damit ist die
Anzahl, die man davon essen
kann, auf natürliche Weise
begrenzt.*

ETWA 20 STÜCK

100 g dunkle Schokolade
100 ml Kokosöl
100 g Kokosraspel
50 g Haselnusskerne, zu Mehl
   gemahlen
2 EL Kakaopulver
1 Eigelb
1 EL Yacon-Sirup oder Sukrin
   Gold
1 Msp. Salz
1 TL Rumaroma (nach Belieben)

Kokosraspel oder Kakaopulver

Die Schokolade fein hacken und zusammen mit dem
Kokosöl in einem Topf schmelzen und verrühren. Die Masse etwas abkühlen lassen.

Die übrigen Zutaten hinzufügen und die Mischung für
1–2 Stunden kühl stellen. Ab und zu die Festigkeit prüfen – die Masse sollte so fest sein, dass man sie zu Kugeln
formen kann, aber nicht ganz durchgehärtet sein.

Die Masse zu Kugeln formen und die Hälfte davon in
Kokosraspeln wälzen. Alle Kugeln auf einen mit Backpapier belegten Teller legen und im Kühlschrank fest
werden lassen. Erst unmittelbar vor dem Servieren
herausnehmen, denn wegen des hohen Anteils an
Kokosöl werden die Kugeln bei Zimmertemperatur
schnell weich.

Die noch nicht verzierten Kugeln unmittelbar vor dem
Servieren in Kakaopulver wälzen (nicht wieder in den
Kühlschrank stellen).

Eiskonfekt

Eiskonfekt ist wirklich die perfekte LCHF-Weihnachtssüßigkeit. Natürlich nur, wenn es selbst gemacht ist. Ich süße dieses Konfekt nicht zusätzlich, denn meiner Meinung nach ist das nicht nötig. Dadurch ist es natürlich nicht so süß wie das Original, zergeht dafür aber wunderbar auf der Zunge.

30 STÜCK

200 g dunkle Schokolade
   (70–85 % Kakaoanteil)
100 ml geschmacksneutrales
   Kokosöl

Die Schokolade grob hacken und in einer Schüssel über dem heißen (nicht kochenden!) Wasserbad schmelzen. Dann das Kokosöl einrühren. Die flüssige Masse in kleine Pralinenformen füllen und im Kühlschrank fest werden lassen. Bis zum Verzehr im Kühlschrank aufbewahren.

Weihnachtsschokolade

Auch für die Resteverwertung geeignet – wenn Sie geschmolzene Schokolade übrig haben, können Sie daraus im Nu diese Schokoladentafel herstellen.

100 g gesalzene Macadamianüsse
150 g dunkle Schokolade

Eine kleine Form mit Backpapier auslegen und die Macadamianüsse darin verteilen. Die Schokolade grob hacken und in einer Schüssel über dem heißen (nicht kochenden!) Wasserbad schmelzen. Über die Nüsse gießen und im Kühlschrank fest werden lassen. Die erstarrte Masse in rustikale Stücke schneiden oder brechen und als Weihnachtsschokolade servieren.

GEBRANNTE MANDELN

Gebrannte Mandeln gehören einfach zur Adventszeit. Meine Kinder lieben sie, und wenn wir sie zubereiten, duftet das ganze Haus nach Weihnachten.

200 g Mandeln
2–3 EL Kokoszucker
½ EL gemahlener Zimt

Den Backofen auf 150 °C vorheizen.

In einer Pfanne die Mandeln zusammen mit dem Kokoszucker, dem Zimt und 1 EL Wasser anrösten, bis das Wasser verdampft und der Kokoszucker leicht karamellisiert ist.

Dann die Mandeln auf ein mit Backpapier belegtes Backblech legen und im heißen Ofen 15 Minuten trocknen. Abkühlen lassen und in einem fest schließenden Glas aufbewahren.

Schweinebraten
MIT KNUSPRIGER SCHWARTE UND BRAUNER SAUCE

Der Schweinebraten spielt eine wichtige Rolle in der Familie, in die ich eingeheiratet habe, und wird dort im Sommer wie im Winter gern gegessen. Das köstliche Rezept hier stammt von meiner Schwiegermutter.

8-10 PERSONEN

etwa 2 kg Schweinekamm
    oder Nackenkotelett
2–3 EL grobes Salz

FÜR DIE BRAUNE SAUCE
Bratensaft aus dem Bräter
100–150 ml Schlagsahne
Salz und frisch gemahlener
    Pfeffer
etwas Zuckercouleur (nach
    Belieben)

Den Backofen auf 160 °C vorheizen.

Die Schwarte des Fleisches einschneiden (oder bereits den Metzger darum bitten). Den Braten gründlich und reichlich mit dem groben Salz einreiben und auf einem Rost in den Ofen geben. Einen Bräter mit 500 ml Wasser darunterstellen. Das Fleisch im heißen Ofen etwa 2 Stunden braten. Bei Bedarf Wasser in den Bräter nachgießen.

Nach 2 Stunden den Bräter herausnehmen. Den Ofen auf 250 °C aufheizen und den Braten ohne Flüssigkeit weitere 20–30 Minuten braten. Dabei etwas Alufolie oder eine trockene Pfanne unten in den Ofen stellen, um eventuell herabtropfendes Fett aufzufangen.

Nach 20 Minuten kontrollieren, ob die Schwarte schon schön knusprig ist, ansonsten für 2–3 Minuten die Grillfunktion zuschalten.

Den Braten herausnehmen und 10–15 Minuten ruhen lassen. Dann in Scheiben schneiden und servieren.

BRAUNE SAUCE Für die Sauce den Bratensaft in einen Topf gießen und aufkochen. Etwa 10 Minuten leicht einkochen lassen. Die Sahne hinzufügen und die Sauce köcheln lassen, bis sie die gewünschte Konsistenz hat. Mit Salz und Pfeffer abschmecken und nach Belieben mit Zuckercouleur die braune Farbe intensivieren.

⊙ Lauwarmer Rotkohlsalat mit Biss (siehe Seite 248)

TIPP: *Um eine noch cremigere Sauce zu erhalten, kann man 50 g Frischkäse einrühren.*

Im Ofen gebackenes Wurzelgemüse

Wenn die Familie am Heilig-abend keinen Brokkoli essen möchte, kann im Ofen geba-ckenes Wurzelgemüse eine gute Alternative sein.

4 PERSONEN

200 g Petersilienwurzeln
200 g Pastinaken
200 g Knollensellerie
200 g Rote Bete
200 g Karotten
75 ml Olivenöl
6 Zweige Thymian, fein ge-hackt
Salz und frisch gemahlener Pfeffer

Den Backofen auf 180 °C vorheizen

Das Wurzelgemüse schälen und in mundgerechte Stü-cke schneiden. Im Olivenöl wenden und auf zwei mit Backpapier belegte Backbleche verteilen. Mit fein ge-hacktem Thymian, Salz und Pfeffer bestreuen.

Das Gemüse im heißen Ofen etwa 35 Minuten backen. Zwischendurch wenden und die Backbleche wechseln, wenn der Ofen nicht ganz gleichmäßig heizt.

Tipp: Benötigt man den Ofen für den Schweinebraten (siehe Seite 246) oder ein anderes Gericht, kann man das Wurzelgemüse schon am Nachmittag vorbereiten. Während das fertig gebratene Fleisch ruht, muss das Gemüse im noch heißen Backofen nur noch aufge-wärmt werden.

Lauwarmer Rotkohlsalat mit Biss

Dieser Rotkohlsalat ist lau-warm, köstlich und hat ein wenig Biss.

6 PERSONEN

1 Rotkohl
1 großer Apfel
1 große rote Zwiebel
1 Vanilleschote
1–2 EL frisch geriebener Ing-wer
abgeriebene Schale und Saft von 1 unbehandelten Orange
50 ml roter Balsamicoessig
2 kleine Zimtstangen
1 Handvoll getrocknete Cran-berries
1 großer EL Entenfett

Kerne von ½ Granatapfel

Den Rotkohl grob hacken. Den Apfel vierteln, entker-nen und klein würfeln. Die Zwiebel schälen und fein hacken. Die Vanilleschote längs aufschneiden. Alle Zutaten mit Ausnahme des Entenfetts in einen großen Topf geben und zugedeckt etwa 15 Minuten köcheln lassen. Dabei regelmäßig umrühren. Die Zimtstangen und die Vanilleschote herausnehmen.

Vor dem Servieren das Entenfett unter den noch lau-warmen Salat mischen und die Granatapfelkerne darü-berstreuen.

ROTKOHLSALAT MIT FENCHEL UND MOHN

Dieser etwas modernere Rotkohlsalat ist eine delikate Beilage für das Weihnachtsessen, schmeckt aber auch das ganze Jahr über.

4 PERSONEN

300 g Rotkohl
300 g Weißkohl
2 große Knollen Fenchel
1 Bund glatte Petersilie

2 EL Blaumohn
1 Handvoll Haselnusskerne, geröstet (siehe Seite 148)

Das Gemüse fein schneiden und in einer Schüssel mischen. Die Petersilie hacken und hinzufügen.

Das Dressing (siehe Seite 251) kurz vor dem Servieren über den Rotkohlsalat geben. Zum Schluss mit dem Mohn und den gerösteten Haselnüssen bestreuen.

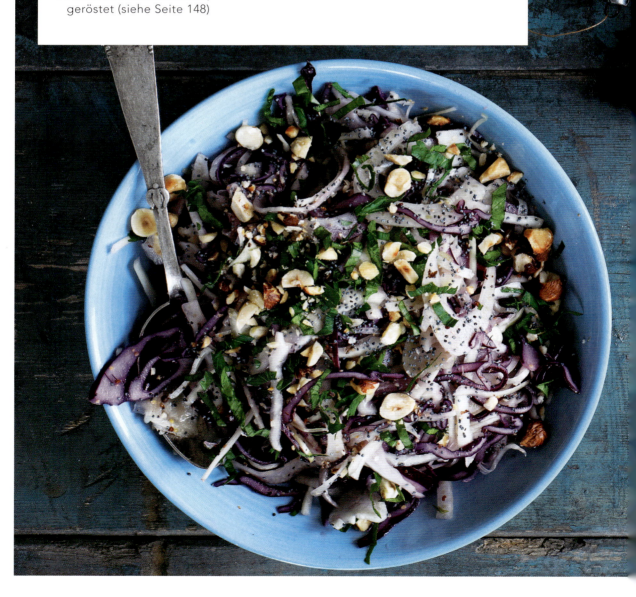

Dressing MIT APFELCIDRE-ESSIG

Dieses Dressing kann für beide Salate verwendet werden.

50 ml kalt gepresstes Olivenöl
50 ml Apfelcidre-Essig
1–2 TL Kokossirup
etwas Salz und frisch gemahlener Pfeffer

In einer Schüssel alle Zutaten zu einem Dressing verrühren und mit Salz und Pfeffer abschmecken.

Knackiger Kohlsalat
MIT WALNÜSSEN

Dieser Salat kommt bei uns zu Weihnachten immer auf den Tisch. Er ist wunderbar knackig und sein säuerliches Aroma bildet einen angenehmen Kontrast zu dem fetten Weihnachtsessen.

4 PERSONEN

½ Weißkohl
8 große Stängel Grünkohl
1 kleiner grüner Apfel

1 kleine Handvoll glatte Petersilie
1 Handvoll Walnusskerne

Den Weißkohl fein schneiden. Die Rippen des Grünkohls entfernen und die Blätter fein hacken. Den Apfel vierteln, entkernen und klein würfeln. Alles in eine Schüssel geben und mit dem Dressing (siehe oben) mischen.

Die Petersilie fein hacken, die Walnüsse grob hacken und beides über den Salat streuen.

SILVESTER

Zucchini-Happen
MIT SCHARFER FETAFÜLLUNG

Ein paar nette Vorspeisen und ein Glas gut gekühlter Sekt sind immer ein guter Start in den Festabend.

8 PERSONEN

2 Zucchini
2 EL Olivenöl

FÜR DIE FÜLLUNG
150 g zimmerwarmer Fetakäse
2 EL kalt gepresstes Olivenöl
2 EL Harissa (siehe Seite 198)
2 EL fein gehackte Minze
abgeriebene Schale von
  1 unbehandelten Limette
Salz und frisch gemahlener
  Pfeffer

Die Zucchini an den Enden abschneiden und längs in möglichst dünne Scheiben schneiden oder hobeln. Die Zucchinischeiben im Olivenöl wenden. Eine Grillpfanne erhitzen und die Scheiben auf beiden Seiten braten, bis sie schöne Grillstreifen haben. Auf Küchenpapier abtropfen lassen.

FÜLLUNG Für die Füllung den Feta mit einer Gabel zerdrücken und mit den übrigen Zutaten in einer Schüssel vermischen. Mit Salz und Pfeffer abschmecken.

Einen kleinen Löffel Fetafüllung auf jeder Zucchinischeibe verstreichen und diese vorsichtig aufrollen. Bei Bedarf mit einem Zahnstocher fixieren.

Artischockenherzen im Speckmantel

Alles, was mit Speck umwickelt ist, schmeckt gut – auch Artischockenherzen.

16 STÜCK

etwa 2 Gläser Artischockenherzen
  in Wasser (16 Herzen)
16 Scheiben Frühstücksspeck
Butter oder Kokosöl zum Braten

Die Artischockenherzen aus der Flüssigkeit nehmen und auf Küchenpapier abtropfen lassen.

Eine Scheibe Frühstücksspeck um jedes Artischockenherz wickeln und eventuell mit einem Zahnstocher fixieren.

In einer Pfanne etwas Butter oder Kokosöl erhitzen und die Artischockenherzen braten, bis der Speck knusprig ist. Auf einem Teller anrichten und lauwarm servieren.

Bräterbrot
(siehe Seite 189)

Bräterbrot
(siehe Seite 189)

LACHSTATAR
MIT AVOCADO

Diese wunderbare Vorspeise lässt sich sehr gut vorbereiten und ist daher besonders gut für die Silvesterfeier geeignet, wo man meist noch vieles andere zu tun hat.

6 PERSONEN – ALS VORSPEISE

400 g frischer Lachs, mindestens
   24 Stunden tiefgekühlt, dann
   aufgetaut
100 g Räucherlachs
1 Schalotte
1 säuerlicher grüner Apfel
1–2 Avocados

FÜR DAS DRESSING
4 EL Crème fraîche (38 % Fett)
1 EL Senf
1–2 EL Zitronensaft
1 Handvoll Kräuter (z. B. Dill, Kerbel,
   Thymian)
Salz und frisch gemahlener Pfeffer

1 kleine Handvoll Feldsalat
Zitronenachtel

Den aufgetauten Lachs und den Räucherlachs in feine Würfel schneiden. Die Schalotte fein hacken. Den Apfel vierteln, entkernen und klein würfeln. Die Avocado halbieren, entsteinen und das Fruchtfleisch in Würfel schneiden. Alles in einer Schüssel mischen.

DRESSING In einer Schüssel die Crème fraîche, den Senf und den Zitronensaft zu einem Dressing verrühren. Die Kräuter fein hacken und unterheben. Mit Salz und Pfeffer abschmecken.

Das Lachstatar mit dem Dressing gut vermischen, dann mit dem Feldsalat und den Zitronenachteln anrichten. Nach Belieben Bräterbrot (siehe Seite 189) und ein Glas kalten Weißwein dazureichen.

In Balsamico marinierte Kalbskeule
MIT ROTWEINSAUCE UND BOHNENSALAT

Das herrliche Kalbfleisch wird noch besser, wenn es einige Stunden in der guten Marinade liegt. Beginnen Sie also rechtzeitig! Wenn Sie zudem das Intervallgaren anwenden, werden Ihre Gäste von dem Ergebnis beeindruckt sein.

4 PERSONEN

1 Kalbskeule (etwa 1 kg)
grobes Salz
100 ml Olivenöl
3 EL roter Balsamicoessig
1 EL Dijonsenf
1–2 EL Zitronensaft
2 EL Tamari
1 Knoblauchzehe, gepresst
1–2 TL geräuchertes Paprikapulver
2 EL getrocknete Kräuter (z. B. Basilikum, Thymian, Oregano)
Salz und frisch gemahlener Pfeffer
Butter oder Kokosöl zum Braten

FÜR DIE ROTWEINSAUCE

Butter zum Braten
2–3 EL fein gehackte Schalotte
etwa 300 ml Rotwein
250 ml Bratensaft (oder Kalbsfond)
30 g Butter in kleinen Würfeln

FÜR DEN BOHNENSALAT

1 kg grüne Bohnen
100 g Walnusskerne
100 ml kalt gepresstes Olivenöl
Saft von 1 Zitrone
2 TL Yacon-Sirup
1 rote Zwiebel
1 Bund glatte Petersilie

Die Fettseite der Kalbskeule einschneiden und das Fleisch mit reichlich grobem Salz einreiben. Alle übrigen Zutaten (bis auf das Fett zum Braten) zu einer Marinade verrühren, diese gut auf dem Fleisch verteilen und 6–8 Stunden oder über Nacht einziehen lassen.

Den Backofen auf 200 °C vorheizen.

Die Kalbskeule in etwas Butter oder Kokosöl rundum braun anbraten. In eine ofenfeste Form geben, salzen und pfeffern und im heißen Ofen 7–8 Minuten braten. Das Fleisch herausnehmen und 10–15 Minuten ruhen lassen. Dann für weitere 7–8 Minuten braten und wieder ruhen lassen. Diesen Vorgang drei- bis viermal wiederholen, bis das Fleisch eine Kerntemperatur von etwa 60 °C (Fleischthermometer!) hat. Vor dem Aufschneiden 15–20 Minuten ruhen lassen. Den Bratensaft für die Sauce verwenden.

SAUCE Für die Sauce in einem Topf die Butter erhitzen und die Schalotte darin anschwitzen. Den Rotwein dazugeben und auf die Hälfte einkochen lassen. Den Bratensaft oder Kalbsfond hinzufügen und alles erneut einkochen lassen. Die Butterwürfel einrühren und die Sauce mit Salz, Pfeffer und etwas Wein abschmecken.

BOHNENSALAT Den Backofen auf 170 °C vorheizen. Die Enden der grünen Bohnen abschneiden und die Bohnen in eine Schüssel legen. Mit kochendem Wasser übergießen und 4–5 Minuten ziehen lassen. Dann abseihen, mit kaltem Wasser übergießen und abtropfen lassen. Die Walnüsse auf einem mit Backpapier belegten Backblech verteilen und etwa 10 Minuten im Ofen rösten. Abkühlen lassen und grob hacken. Das Olivenöl, den Zitronensaft, den Yacon-Sirup, Salz und Pfeffer zu einem Dressing verrühren. Die Zwiebel halbieren und eine Hälfte sowie die Petersilie fein hacken. Die gehackten Zutaten unter das Dressing rühren.

Die Bohnen mit Dressing beträufeln. Die zweite Zwiebelhälfte in feine Ringe schneiden und darauf verteilen. Zum Schluss mit den gehackten Walnüssen bestreuen.

DEZEMBER

Mokkatorte

Diese Mokkatorte ist das perfekte Silvester-Dessert. Sie erfordert am Festabend selbst nur wenig Aufwand und schmeckt fantastisch.

10–12 PERSONEN

FÜR DEN BODEN
150 g Pekannusskerne
150 g Mandeln
½ TL Vanillepulver
80 ml Kokosöl
25 g Kakaobutter (oder Kokosöl)
Butter für die Form

FÜR DIE DUNKLE MOUSSE
200 ml Schlagsahne
2 TL Instant-Kaffeepulver
200 g dunkle Schokolade
10 g Butter

FÜR DIE HELLE MOUSSE
1 TL Instant-Kaffeepulver
250 g Mascarpone
2 EL Sukrin Melis

1 TL Kaffeebohnen, fein gehackt

BODEN Für den Boden die Pekannüsse und die Mandeln in der Küchenmaschine zu einem groben Mehl mahlen und in eine Schüssel geben. Das Vanillepulver untermischen. Das Kokosöl und die Kakaobutter bei geringer Temperatur schmelzen und über das Nussmehl gießen. Alles zu einem Teig verrühren und diesen in eine gefettete Springform (etwa 21 cm Ø) geben. Für etwa 30 Minuten zum Festwerden in den Kühlschrank stellen (der Boden wird nicht gebacken).

DUNKLE MOUSSE In einem Topf die Schlagsahne bis kurz vor dem Siedepunkt erhitzen und vom Herd nehmen. Das Kaffeepulver einrühren. Die Schokolade hacken, hinzufügen und untermischen. Zum Schluss die Butter dazugeben und alles zu einer glatten Masse verrühren. Die dunkle Mokkamousse auf dem Nussboden verteilen und für mindestens 4 Stunden (oder über Nacht) in den Kühlschrank stellen.

HELLE MOUSSE Das Kaffeepulver in 2 EL kochendem Wasser auflösen und abkühlen lassen. Den Mascarpone zusammen mit dem Sukrin Melis und dem Kaffee in eine Schüssel geben und mit dem Handrührgerät zu einer glatten Creme verrühren.

Den Kuchen kurz vor dem Servieren aus dem Kühlschrank nehmen und die helle Moccacreme daraufstreichen. Die Kaffeebohnen über die Torte streuen.

TIPP: *Soll der Boden nussiger schmecken, können Sie die Nüsse vor dem Zermahlen im Backofen rösten.*

SPEZIELLE ZUTATEN IN DER LCHF-KÜCHE

Man kann sich auch nach LCHF er-nähren, ohne jemals ein Reformhaus oder ein anderes Spezialgeschäft zu betreten. Die LCHF-Ernährung besteht nämlich in erster Linie aus Gemüse, Fleisch und natürlichen Fetten, die Sie in jedem Supermarkt bekommen. Wenn man sich jedoch das Leben etwas versüßen möchte, z. B. durch Brot und Kuchen, braucht man einige besondere Zutaten.

FLOHSAMENSCHALEN
Flohsamenschalen sind Ballaststoffe, die dazu dienen, gluten- und mehl-freies Backwerk zusammenzuhalten und ihm etwas Struktur zu verleihen. Flohsamenschalen gibt es von ver-schiedenen Herstellern. Sie finden sie in größeren Supermärkten oder im Reformhaus.

MANDELMEHL
Einfaches Mandelmehl besteht aus zu Mehl gemahlenen Mandeln. Sie können es als Fertigprodukt im Re-formhaus oder in gut sortierten Su-permärkten kaufen oder auch selbst mit der Küchenmaschine herstellen. Ich verwende allerdings meist ent-öltes Mandelmehl aus blanchierten Mandeln, das völlig andere Backei-genschaften als das normale Man-delmehl hat.

ENTÖLTES MANDELMEHL
Dieses Mandelmehl lässt sich nicht mit normalem Mandelmehl vergli-chen. Es wird durch Kaltpressung entölt, wodurch die hitzeempfind-lichen Fettsäuren in den Mandeln erhalten bleiben. Außerdem ist es sehr ballaststoffreich und ergiebig. Im Reformhaus erhältlich.

KOKOSMEHL
Kokosmehl besteht aus zu feinem Mehl gemahlenem Kokosnussfleisch. Ebenso wie das Mandelmehl ist es sehr ballaststoffreich und ergiebig. Auch Kokosmehl ist unter verschie-denen Markenbezeichnungen erhält-lich.

KOKOSRASPEL
Wenn im Rezept »Kokosraspel« steht, sind das die ganz normalen Kokos-raspel aus dem Supermarkt, wie Sie sie von den Kokoskugeln aus Ihrer Kindheit kennen. Nicht zu verwech-seln – oder auszutauschen – mit dem oben genannten Kokosmehl.

KARTOFFELFASERN
Kartoffelfasern bleiben übrig, wenn man den Kartoffeln den Großteil der Stärke und das Wasser entzieht. Sie binden viel Feuchtigkeit und ver-leihen Brot eine saftige Konsistenz. Außerdem sind sie geschmacksneu-tral und daher sehr gut zum Brotba-cken geeignet, wo man den etwas süßlichen Nussgeschmack vermei-den möchte. In Skandinavien sind sie gang und gäbe, in Deutschland dagegen noch nicht so weit verbrei-tet. Sie erhalten sie aber im Internet.

CHIASAMEN
Chiasamen sind kleine, eiweißreiche Supersamen, die reich an Omega-3-Fettsäuren sind. Sie sind extrem ballaststoffreich und binden daher große Mengen Flüssigkeit. Zudem sind sie ausgesprochen sparsam im Gebrauch. Chiasamen sind in gut sortierten Supermärkten oder im Re-formhaus erhältlich.

KOKOSÖL

Ich verwende oft ein geschmacksneutrales Biokokosöl zum Braten
und eines mit Geschmack für süße
Speisen. Beide Öle sind im Reformhaus erhältlich. Kokosöl darf nicht
verwechselt werden mit dem stark
verarbeiteten Palmin in den Kühl-
regalen der Supermärkte.

KOKOSCREME

Ich verwende immer Extra Creamy
Kokosmilch. Diese besteht nur aus
Kokosmilch und ein wenig Wasser,
ist weiß und cremig. Leider gibt es
sie nicht in Bioqualität, sodass ich
hier einen Kompromiss eingehen
muss. Kokoscreme erhält man im
Internet, gelegentlich aber auch im
Supermarkt.

SUKRIN GOLD

Sukrin ist eine natürliche Alternative
zu Zucker. Sukrin Gold besteht aus
Sukrin (Zuckeralkohol Erythritol),
Tagatose, Glycerol, Malzextrakt (glutenfrei) und Stevia. Es enthält fast
keine Kalorien und hat einen glykämischen Index von 1, was bedeutet, dass es den Blutzuckerspiegel
nicht beeinflusst. Sukrin Gold ist im
Reformhaus oder im Onlinehandel
erhältlich.

SUKRIN MELIS

Sukrin Melis ist pulverisiertes Sukrin
(Erythritol), das sich wie Puderzucker
für Desserts und Dressings verwenden lässt und überall dort, wo die
Sukrinkristalle nicht knirschen sollen.
Es hat keine Kalorien und beeinflusst den Blutzuckerspiegel nicht.
Sukrin Melis ist im Reformhaus oder
im Onlinehandel erhältlich.

KOKOSZUCKER

Kokoszucker ist ein natürlicher Er-
satzstoff für Zucker und hat einen

glykämischen Index von nur 35. Er
beeinflusst also den Blutzuckerspiegel etwas. Außerdem hat Kokoszucker einen hohen Anteil an Fruktose
(etwa 50 %), sodass ich ihn nur in
kleinen Mengen und nicht täglich
verwende. Das gilt im Übrigen für
alle Zuckerersatzstoffe. Kokoszucker
ist im Reformhaus erhältlich.

YACON-SIRUP

Yacon-Sirup ist in manchen Re-
formhäusern, aber in erster Linie
im Internet erhältlich. Dieser wohl-
schmeckende Sirup wird aus der
Yacon-Wurzel gewonnen, die in den
Anden wächst. Während die meisten Pflanzen ihre Kohlenhydrate in
Form von Stärke einlagern, lagert
die Yacon-Wurzel ihre in Form von
FOS (Fructooligosaccharide) ein,
die vom Körper nicht aufgenommen
werden können. Deshalb liegt der
glykämische Index von Yacon-Sirup
nur bei 3.

VANILLEPULVER

Vanillepulver besteht aus den gemahlenen Samenkörnern der Vanilleschote (oder aus der ganzen
vermahlenen Schote) ohne Zucker-
zusatz und sollte nicht mit Vanillezu-
cker verwechselt werden. Erhältlich
in den meisten Supermärkten von
verschiedenen Herstellern.

DUNKLE SCHOKOLADE

Wenn ich dunkle Schokolade verwende, nehme ich ganz normale
zuckerhaltige Schokolade mit einem
Kakaogehalt von 70–85 %. Je höher
der Kakaogehalt, desto weniger
Zucker. Schokolade ist für mich die
ultimative Versuchung, und ich kann
beim Geschmack keine Kompromis-
se eingehen. Meiner Meinung nach
schmeckt zuckerfreie Schokolade
einfach nicht gut.

THEMENREGISTER

Abnehmen 8, 9, 12, 13, 17, 18, 19, 22, 27, 29, 104, 226
Alkohol 104, 227
Aminosäuren 44
Appetit 8, 14, 15, 64,
Austauschliste 24
Bärenhunger 171
Bauchschmerzen 12, 23
β-Endorphin 17
Bier 10, 104
Blutzucker 12, 44, 64, 263
Botenstoffe 17
Brühe 15, 44
Darmsystem 44
Diät 8, 20, 22
Dopamin 17
Eiweiß 10, 11, 12, 13, 18, 44, 106
Energie 12, 14, 15, 19, 22, 23, 25, 171, 172
Entscheidung für 26
Entscheidung gegen 26
Entzündungshemmend 44
Enzyme 12
Essfenster 25
Essverlangen 26, 64
Fett 8, 10-15 105, 170, 172
Fettarm 12, 14, 23
Fettverbrennung 12, 104
Fleisch 10, 11, 12, 14, 18, 23, 24, 26, 104
Flüssigkeit 15, 19, 27, 44
Freitagssüßigkeiten 171
Gelatine 44
Gemüse, über der Erde wachsend 13, 24
Getreideprodukte 10
Gewicht 8, 9, 12, 13, 22, 25, 27, 64, 172, 226
Glukose 12, 14, 105
Glutenfrei 10, 226
Glycin 44
Greenies 26
Heißhunger auf Süßes 9, 12, 18, 23, 25
Hormone 12, 14, 19
Hunger 8, 12, 13, 14, 17, 22, 23, 29, 64, 105
Insulinsensitivität 25
Joghurt 10, 11, 15, 19, 24, 26
Junkfood 15, 170
Kaffee 14, 15, 62, 64, 226
Kalium 44,
Kalk 44
Kalorien 8, 12, 13, 14, 19, 64
Kalorienzählen 64
Ketonkörper 13, 105
Ketose 13, 104
Kindergeburtstag 170, 172
Kohlenhydrate 8, 10, 12-15, 18, 24, 62, 63, 104,
Kohlenhydratniveau 14
Kokosöl 10, 11, 14, 15, 24, 263
Kollagen 44
Konzentration 15, 18
Kopfschmerzen 15, 26, 44

Laune 17, 18, 172
LCHF 9-15, 18, 19, 24, 62, 64, 104, 170, 226, 227, 262
Liberales LCHF 9, 13, 14, 24
Light-Produkte 10, 170
Low Carb 10, 12, 18, 105, 224
Makronährstoffverteilung 8
Mentales Training 66
Milchprodukte 10, 11, 18, 19, 24
Mikronährstoffe 25
Mineralstoffe 15, 25, 44
Montignac, Michel 104
Motivation 13, 18
Müdigkeit 15, 44
Nüsse 10, 11, 14, 25, 26, 105, 170
Obst 10, 11, 24, 26, 106, 170, 172
Olivenöl 10, 11
Omega-6 10
Phosphor 44
Prolin 44
Reise 23, 26, 105
Restaurant 26
Restriktionen 8, 13, 19, 22, 24
Rotwein 26, 104
Salz 15, 44
Satt 8, 10-15, 23, 25, 62, 64, 172, 227
Schlaf 12, 18
Schlank 11, 17
Schlankheitspillen 13
Schwindelgefühl 15, 44
Serotonin 17
Sommerurlaub 105
Sozialer Ausschluss 62
Sport 17, 23, 64, 227
Stoffwechsel 22
Strategie 62, 226, 227
Stress 44
Striktes LCHF 9, 10, 13, 14, 23, 24, 226
Tagesplan 14
Übergangsprobleme 15, 44
Übermäßiges Essen 13, 17, 19, 26, 64
Verbote 8, 25, 26
Verdauung 18, 44
Verpflegung 105, 170
Vitamine 25
Waage 17, 18, 22
Wasseransammlung 19
Wohlbefinden 15, 19, 22, 23
Wurzelgemüse 10, 11, 24, 170, 226
Zucker 8, 17, 25, 26, 27, 62, 63, 64, 104, 106, 227
Zusatzstoffe 10
Zwischenmahlzeiten 14

REZEPTREGISTER

3 herrliche Sommerdips 151

A

Apfelcookies 220
Apfeltarte 209
Aioli 48
Artischocken mit Butter 122
Artischockenherzen im
    Speckmantel 254
Auberginenchips 116
Auberginenscheiben, Spicy 207
Avocado-Eis am Stiel mit
    Schokoladenspitze 157
Avocado-Pesto 198
Avocado-Salsa 133

B

Bärlauchcreme 77
Ballaststoff-Greenie 32
Balsamico, in Balsamico marinierte
    Kalbskeule mit Rotweinsauce und
    Bohnensalat 259
Balsamico-Marinade 259
Bananeneis am Stiel mit
    Schokolade 220
Bauernbrot mit Chorizo und
    Zwiebeln 144
Béarnaise-Butter 134

BEILAGEN
    Artischocken mit Butter 122
    Auberginenchips 116
    Avocado-Salsa 133
    Blumenkohlreis mit Limette 52
    Blumenkohlsalat mit Zitrone
        und Basilikum 90
    Bohnensalat 259
    Brokkoli-Frites 58
    Brokkolisalat mit Radieschen
        und Avocado 91
    Brokkoli-Taboulé 130
    Bruschetta auf Auberginenboden 80
    Butter-Grünkohl 186
    Falscher Kartoffelsalat 74
    Friséesalat mit Speck und Käse 120
    Gebackener Butternusskürbis mit
        Ziegenkäse und Walnüssen 194
    Gebackener Kürbis mit Chili
        und Fetakäse 203
    Gebackenes Gemüse 196
    Gegrillter Fenchel mit
        Ziegenkäse 126
    Gegrillter Spitzkohl mit
        Zitronenschale und Räucherkäse 136
    Gegrillter Zucchinisalat mit
        Parmesan und Pinienkernen 136
    Grüne Bohnenpäckchen
        mit Speck 59
    Gurkensalat mit Feta
        und Granatapfel 79
    Im Ofen gebackenes
        Wurzelgemüse 248
    In Butter geschwenkter Lauch
        und Spinat 201
    Knackiger Kohlsalat 251
    Langzeitgegarte Pilze 185
    Lauwarmer Rotkohlsalat mit Biss 248
    Marinierte rote Zwiebeln 116
    Mehlfreie Tortillas 143
    Pico de gallo (Tomatensalsa) 143
    Pilzpäckchen mit Briekäse
        und Pinienkernen 182

Pilzterrine 184
Rosenkohlsalat 192
Rotkohlsalat mit Fenchel
    und Mohn 250
Rucolasalat mit Grapefruit, Pistazien
    und Fetakäse 139
Selleriemus mit Kräutern 55
Sellerie-Slaw 207
Spargel mit Dillsauce 84
Spicy Auberginenscheiben 207
Spinatsalat mit Erdbeeren und
    Avocado 139
Tomatensalsa (Pico de gallo) 143
Weißer Spargel mit knusprig
    gebratenem Schinken und Sauce
    mousseline 82
Zucchini-Spaghetti mit
    Auberginenchips und
    marinierten roten Zwiebeln 116
Blaubeer-Crumble mit Crème fraîche
    162
Blaubeer-Smoothie mit Petersilie und
    Minze 33
Bloody Mary 37
Blumenkohlreis mit Limette 52
Blumenkohlsalat mit Zitrone und
    Basilikum 90
Bohnenpäckchen, Grüne, mit Speck und
    Chipotle-Dip 59
Bohnensalat 259
Bräterbrot mit Oregano und Käse 189
Braune Sauce 246
Brötchen, Geburtstags- 214
Brötchen, Warme 100
Brokkoli-Frites 58
Brokkolisalat mit Radieschen und
    Avocado 91
Brokkoli-Taboulé 130

BROT
    Bauernbrot mit Chorizo
        und Zwiebeln 144
    Bräterbrot mit Oregano
        und Käse 189
    Geburtstagsbrötchen 214
    Gemüsebrot 38
    Körnerbrot mit Zucchini 72
    Kernstücke mit Schokolade 176
    Warme Brötchen 100
Brühe, Hühnerbrühe 45
Bruschetta auf Auberginenboden 80
Butter, In Butter geschwenkter
    Lauch 201
Butter Chicken mit Blumenkohlreis und
    Limette 52
Butter-Grünkohl 186
Buttermilch-Kaltschale mit
    Kammerjunkern 161
Butternusskürbis, Gebackener, mit
    Ziegenkäse und Walnüssen 194
Buttersauce 52
Butter, Zitronen-Ingwer- 130

C

Cashewcreme 43
Chiapudding mit Geschmack von
    Buttermilch-Kaltschale 110
Chicken, Butter Chicken mit
    Blumenkohlreis und Limette 52
Chipotle-Dip 59
Confierte Entenkeulen und gebackener
    Kürbis mit Chili und Fetakäse 203

Côte de Bœuf mit gebratenem
    Knoblauch und Béarnaise-Butter 134
Cowboy-Eier 36
Crème-fraîche-Dip mit Zitronengras und
    Limette 133
Creme, Kräutercreme 119
Creme, Mascarponecreme 95
Creme, Helle Mokka- 260
Creme, Vanille- 216
Cremiger Spinat 51
Crumble, Blaubeercrumble mit Crème
    fraîche 162
Curry-Hering mit roter Zwiebel und
    Gartenkresse 69
Currymandeln 149

D

DESSERTS
    Apfelcookies 220
    Apfeltarte 209
    Avocado-Eis am Stiel mit
        Schokoladenspitze 157
    Bananeneis am Stiel mit
        Schokolade 220
    Blaubeer-Crumble mit
        Crème fraîche 162
    Buttermilch-Kaltschale mit
        Kammerjunkern 161
    Eis am Stiel mit Himbeerstreifen 157
    Erdbeeren mit Schokolade und
        Kokos 220
    Himmlische Karottenmuffins 211
    Mokkatorte 260
    Pfannkuchentorte mit frischen
        Beeren 92
    Rhabarber-Trifle mit Mascarpone-
        Creme 95
    Rote Grütze mit Sahne 159
    Schokoladenkuchen mit
        Kokosglasur 223
    Selbst gemachtes Karamelleis am
        Stiel 154
Dill-Dip 151
Dillsauce 84

DIP
    3 herrliche Sommerdips 151
    Aioli 48
    Avocado-Pesto 198
    Bärlauchcreme 77
    Chipotle-Dip 59
    Crème-fraîche-Dip mit Zitronengras
        und Limette 133
    Dip mit geräuchertem
        Paprikapulver 151
    Guacamole 142
    Harissa 198
    Kalte Minzesauce 126
    Meerrettichcreme 74
    Paprikapesto 152
    Räucherkäse- mit Schnittlauch 151
    Tzatziki 201

DRESSING
    – mit Apfelcidre-Essig 250
    – mit fein gehackten Kräutern 257
    – mit Himbeeressig 139
    – mit Mayonnaise und Schnittlauch 74
    – mit Thymian 192
    – mit Zitronen-Balsamico 91
    Französische Vinaigrette 120
    Kapern-Vinaigrette 124

DRINK
Frozen Strawberry Daiquiri 166
Ingwer-Zitronen-Konzentrat 165
Mojito 166
Piña Colada 166
Sangria 165
Dunkle Mokkamousse 260

E
Eier, Cowboy-Eier 36
Eis am Stiel, Avocado-Eis mit
Schokoladenspitze 157
Eis am Stiel, Bananeneis mit Schokolade
220
Eis am Stiel mit Himbeerstreifen 157
Eis am Stiel, Selbst gemachtes
Karamelleis 154
Eiskaffee 154
Eiskonfekt 242
Entenkeulen, Confierte, und
gebackener Kürbis mit Chili und
Fetakäse 203
Erdbeeren mit Schokolade und Kokos
220
Erdbeersaft, Zuckerfreier 214
Erfrischender Greenie 32

F
Fajitas-Marinade 142
Fajitas mit Rindfleisch 142
Falsche Tartelettes mit Hähnchen und
Spargel 181
Falscher Kartoffelsalat mit frischen
Erbsen 74
Falscher Milchreis mit Kokoszucker
und Zimt 232
Fenchel, Gegrillter, mit
Ziegenkäse 126

FISCH
Fischsuppe mit Aioli 48
Gedämpfter Lachs mit Dillsauce und
Spargel 84
Heilbutt auf Minzebett 126
Lachs-Kebab am Spieß mit
Brokkoli-Taboulé 130
Lachstatar mit Avocado 257
Tarte mit Lachs und Spargel 115

FLEISCH
Artischockenherzen im
Speckmantel 254
Fajitas mit Rind 142
Geschmorte Schweinebacken mit
Rosenkohlsalat 192
In Balsamico marinierte Kalbskeule
mit Rotweinsauce und
Bohnensalat 259
Lamm-Kebab mit spicy
Auberginenscheiben und
Sellerie-Slaw 206
Lammkeule mit Knoblauch
und Ingwer 87
Schweinebraten mit knuspriger
Schwarte und brauner Sauce 246

G
Gebackener Butternusskürbis mit
Ziegenkäse und Walnüssen 194
Gebackener Kürbis mit Chili und
Fetakäse 203
Gebackenes Gemüse 196

Gebrannte Mandeln 244
Gebratener Knoblauch 134
Geburtstagsbrötchen 214
Gedämpfter Lachs mit Dillsauce und
Spargel 84

GEFLÜGEL
Confierte Entenkeulen und
gebackener Kürbis mit Chili und
Fetakäse 203
Geflügelsalat mit
Frühstücksspeck 68
Hähnchen in Harissa mit
gebackenem Gemüse 196
Hähnchentarte mit Pilzfüllung und
Butter-Grünkohl 186
Hühnchen in Spargel 181
Kürbissuppe nach Thai-Art mit
Hähnchenfleisch 191
Tequila-Limetten-Hähnchen mit
Avocado-Salsa 133
Geflügelsalat mit Frühstücksspeck 68
Gegrillte Paprikaschoten mit Thunfisch
124
Gegrillter Fenchel mit Ziegenkäse 126
Gegrillter Spitzkohl mit Zitronenschale
und Räucherkäse 136
Gegrillter Zucchini-Salat mit Parmesan
und Pinienkernen 136
Gemüsebrot 38
Geräuchertem Paprikapulver,
Dip mit 151
Geröstete Haselnüsse 148
Gerührtes Tatar mit Bärlauchcreme 77
Geschmorte Schweinebacken mit
Rosenkohlsalat 192
Gesundes für den Kindergeburtstag 220
Glögg, Zuckerfreier, mit Zimtsahne 236
Glögg-Extrakt 236
Greenie, Ballaststoff-Greenie 32
Greenie, Bloody Mary 37
Greenie, Erfrischender 32
Grüne Bohnenpäckchen mit Speck und
Chipotle-Dip 59
Grünkohl, Butter-Grünkohl 186
Guacamole 142
Gurken-Avocado-Suppe, Kalte, mit
Garnelen 113

H
Hähnchen in cremigem Spinat 51
Hähnchen in Harissa mit gebackenem
Gemüse 196
Hähnchentarte mit Pilzfüllung und
Butter-Grünkohl 186
Harissa 198
Harissa-Marinade 196
Haselnüsse, Geröstete 148
Heilbutt auf Minzebett 126
Helle Moccacreme 260
Hering, Curry, mit roter Zwiebel und
Gartenkresse 69
Himbeermus 214
Himmlische Karottenmuffins 211
Hühnchen in Spargel 181
Hühnerbrühe 45
Hühnersuppe auf gesunde Art 46

I
Ingwer-Zitronen-Konzentrat 165

J
Joghurt, Selbst gemachter 1088

K
Kalbskeule, In Balsamico marinierte, mit
Rotweinsauce und Bohnensalat 259
Kalte Gurken-Avocado-Suppe mit
Garnelen 113
Kalte Minzesauce 126
Kalte Mittagstarte mit Lachs und
Garnelen 71
Kalte Zucchini-Lasagne mit
Kräutercreme 119
Kammerjunker 161
Kapern-Vinaigrette 124
Karamelleis am Stiel, Selbst gemachtes
154
Karottenmuffins, Himmlische 211
Kartoffelsalat, Falscher, mit frischen
Erbsen 74
Kebab, Lachs-Kebab am Spieß mit
Brokkoli-Taboulé 130
Kebab, Lamm-Kebab mit spicy
Auberginenscheiben und Sellerie-
Slaw 206
Kebab-Marinade 130
Kerne und Nüsse, Salat mit 145
Kindergeburtstag 212
Knackiger Kohlsalat mit Walnüssen 250
Knoblauch, Gebratener 134
Kohlsalat, Knackiger, mit Walnüssen 250
Kokoskugeln, Schokoladige 241
Konfekt, Eis-Konfekt 242
Konfekt, Weihnachtskonfekt 238
Körnerbrot mit Zucchini 72
Körnerstücke mit Schokolade 176
Kräuter 55
Kräutercreme 119
Krapfen mit Äpfeln 234
Kürbis, Gebackener, mit Chili und
Fetakäse 203
Kürbiskerne mit geräuchertem
Paprikapulver 149
Kürbissuppe nach Thai-Art mit
Hähnchenfleisch 191

L
Lachs, Gedämpfter, mit Dillsauce und
Spargel 84
Lachsfrittata 35
Lachs-Kebab am Spieß mit Brokkoli-
Taboulé 130
Lachsschnitten mit Meerrettichcreme 74
Lachstatar mit Avocado 257
Lamm-Kebab mit spicy Auberginen-
scheiben und Sellerie-Slaw 206
Lammkeule mit Knoblauch und
Ingwer 87
Langzeitgegarte Pilze 185
Lauch, In Butter geschwenkter 201
Lauwarmer Rotkohlsalat mit Biss 248
Lebkuchen-Popcakes 218
Lebkuchen oder Plätzchen mit Glasur
231

M
Mandeln, Gebrannte 244
Mandeln, Curry-Mandeln 149

MARINADE
– mit frischem Ingwer 87
– mit Zitrone und Ingwer 126

Balsamico-Marinade 259
Fajitas-Marinade 142
Harissa-Marinade 196
Kebab-Marinade 130
Tequila-Limetten-Marinade 133
Würzige Joghurt-Marinade 52
Marinierte rote Zwiebeln 116
Marzipaneier 98
Mascarpone-Creme 95
Meerrettichcreme 74
Mehlfreie Tortillas 143
Milchreis, Falscher, mit Kokoszucker und
Zimt 232
Minzesauce, Kalte 126
Mojito 166
Mokkamousse, Dunkle 260
Mokkamousse, Helle 260
Mokkatorte 260
Moussaka mit in Butter geschwenktem
Lauch und Spinat 201
Muffins, Karotten-Muffins 211

O
Ofengebackenes Wurzelgemüse 248
Omelett mit Rahmpilzen 174
Ossobuco mit Selleriemus und
Kräutern 55
Ostereier mit Erdnussbutter 97
Ostereier mit selbst gemachtem
Marzipan 98

P
Paprikapesto 152
Paprikaschoten, Gegrillte, mit Thunfisch
124
Pfannkuchen, Ricotta-, mit Zimtbutter 41
Pfannkuchentorte mit frischen Beeren
92
Pfeffernüsse 230
Pesto, Avocado-Pesto 198
Pesto, Paprikapesto 152
Pico de gallo (Tomatensalsa) 143
Pilze, Langzeitgegarte 185
Pilzfüllung 186
Pilzpäckchen mit Briekäse und
Pinienkernen 182
Pilzterrine 184
Piña Colada 166
Plätzchen mit Glasur 231
Popcakes – zwei Versionen 218
Popcakes, Lebkuchen-Popcakes 218
Popcakes, Schokoladentrüffel-
Popcakes 218
Pudding, Chiapudding mit Geschmack
von Buttermilch-Kaltschale 110

R
Rahmpilze 174
Räucherkäse-Dip mit Schnittlauch 151
Regenbogensalat auf Grünkohlbett 43
Rhabarber-Trifle mit Mascarpone-
creme 95
Ricotta-Pfannkuchen mit Zimtbutter 41
Rosenkohlsalat 192
Rucolasalat mit Grapefruit, Pistazien
und Fetakäse 139
Rote Grütze mit Sahne 159
Rotkohlsalat mit Fenchel und Mohn 249
Rotkohlsalat, Lauwarmer, mit Biss 248
Rotweinsauce 259

S
Saft, Zuckerfreier Erdbeersaft 214
SALAT
Blumenkohlsalat mit Zitrone und
Basilikum 90
Bohnensalat 259
Brokkoli- mit Radieschen und
Avocado 91
Friséesalat mit Speck und Käse 120
Gegrillter Zucchini-Salat mit
Parmesan und Pinienkernen 136
Gurkensalat mit Feta und
Granatapfel 79
Knackiger Kohlsalat mit
Walnüssen 250
Lauwarmer Rotkohlsalat mit Biss 248
Regenbogensalat auf
Grünkohlbett 43
Rosenkohlsalat 192
Rotkohlsalat mit Fenchel und
Mohn 249
Rucolasalat mit Grapefruit, Pistazien
und Fetakäse 139
Spinatsalat mit Erdbeeren und
Avocado 139
Salatkerne und -nüsse 145
Salsa, Avocado-Salsa 133
Salsa, Tomatensalsa (Pico de gallo) 143
Sangria 165
Sauce, Kalte-Minze-Sauce 126
Sauce mousseline 82
Schokoladenkuchen mit Zucchini und
Kokosglasur 223
Schokoladentäfelchen, Selbst
gemachte 178
Schokoladentrüffel-Popcakes 218
Schokoladige Kokoskugeln 241
Schwedisches Wurstgericht 56
Schweinebacken, Geschmorte, mit
Rosenkohlsalat 192
Schweinebraten mit knuspriger
Schwarte und brauner Sauce 246
Selbst gemachte Schokoladen-
täfelchen 178
Selbst gemachter Joghurt 108
Selbst gemachtes Karamelleis am
Stiel 154
Selbst gemachtes Marzipan 98
Selleriemus mit Meerrettich 55
Sellerie-Slaw 207
Smoothie, Blaubeer- mit Petersilie und
Minze 33
Sommerdips, 3 herrliche 151
Sommerdrinks auf der Terrasse 165
Sonnenblumenkerne, In Tamari
geröstete 148
Spargel, Weißer Spargel mit knusprig
gebratenem Schinken und Sauce
mousseline 82
Speckmantel, Artischockenherzen
im 254
Spicy Auberginenscheiben 207
Spinatsalat mit Erdbeeren und
Avocado 139
Spitzkohl, Gegrillter, mit Zitronenschale
und Räucherkäse 136
Suppe, Fischsuppe mit Aioli 48
Suppe, Kalte Gurken-Avocado-Suppe
mit Garnelen 113
Suppe, Hühnersuppe auf gesunde
Art 46

Suppe, Kürbissuppe nach Thai-Art mit
Hähnchenfleisch 189

T
Tamari, In Tamari geröstete
Sonnenblumenkerne 148
Tarte, Apfeltarte 209
Tarte, Hähnchentarte mit Pilzfüllung und
Butter-Grünkohl 186
Tarte, Kalte Mittagstarte mit Lachs und
Garnelen 71
Tarte mit Lachs und Spargel 115
Tartelettes, Falsche Tartelettes mit
Hähnchen und Spargel 181
Tatar, Gerührtes, mit Bärlauchcreme 77
Tatar, Lachsstatar mit Avocado 257
Tequila-Limetten-Hähnchen mit
Avocado-Salsa 133
Tequila-Limetten-Marinade 133
Terrine, Pilzterrine 183
Thai-Art, Kürbissuppe nach, mit
Hähnchenfleisch 189
Topping, Frischkäsetopping 211
Torte, Mokkatorte 260
Torte, Pfannkuchentorte mit frischen
Beeren 92
Trifle, Rhabarber-Trifle mit
Mascarponecreme 95
Tzatziki 201

V
Vanillecreme 216

W
Waffeln mit Schokostückchen 216
Warme Brötchen 100
Weihnachtskonfekt 238
Weihnachtsschokolade 242
Weintraubenspieße 220
Weißer Spargel mit knusprig
gebratenem Schinken und Sauce
mousseline 82
Würzige Joghurt-Marinade 52
Wurstgericht, Schwedisches 56
Wurzelgemüse, Im Ofen
gebackenes 248

Z
Zimtbutter 41
Zimtsahne 236
Zitronen-Ingwer-Butter 130
Zucchini-Happen mit scharfer
Fetafüllung 254
Zucchini-Lasagne, Kalte, mit
Kräutercreme 119
Zucchini-Salat, Gegrillter, mit Parmesan
und Pinienkernen 136
Zucchini-Spaghetti mit Auberginenchips
und marinierten roten Zwiebeln 116
Zuckerfreier Erdbeersaft 214
Zuckerfreier Glögg mit Zimtsahne 236

REZEPTE NACH SAISON

JANUAR, FEBRUAR
Ballaststoff-Greenie 32
Blaubeer-Smoothie mit Petersilie und Minze 33
Bloody Mary 37
Brokkoli-Frites 58
Butter Chicken mit Blumenkohlreis und Limette 52
Cowboy-Eier 36
Erfrischender Greenie 32
Fischsuppe mit Aioli 48
Gemüsebrot 38
Grüne Bohnenpäckchen mit Speck und Chipotle-Dip 59
Hähnchen in cremigem Spinat 51
Hühnerbrühe 45
Hühnersuppe auf gesunde Art 46
Kochen Sie Ihr eigenes Süppchen 44
Lachsfrittata 35
Ossobuco mit Selleriemus und Kräutern 55
Regenbogensalat auf Grünkohlbett 43
Ricotta-Pfannkuchen mit Zimtbutter 41
Schwedisches Wurstgericht 56
Zimtbutter 41

MÄRZ, APRIL, MAI
Blumenkohlsalat mit Zitrone und Basilikum 90
Brokkolisalat mit Radieschen und Avocado 91
Bruschetta auf Auberginenboden 80
Curry-Hering mit roter Zwiebel und Gartenkresse 69
Falscher Kartoffelsalat mit frischen Erbsen 74
Gedämpfter Lachs mit Dillsauce und Spargel 84
Geflügelsalat mit Frühstücksspeck 68
Gerührtes Tatar mit Bärlauchcreme 77
Gurkensalat mit Feta und Granatapfel 79
Kalte Mittagstarte mit Lachs und Garnelen 71
Körnerbrot mit Zucchini 72
Lachsschnitten mit Meerrettichcreme 74
Lakritzmarzipaneier 98
Lammkeule mit Knoblauch und Ingwer 87
Marzipaneier 98
Ostereier mit Erdnussbutter 97
Ostereier mit Himbeermarzipan 98
Ostereier mit Lakritzmarzipan 98
Ostereier mit selbst gemachtem Marzipan 98
Pfannkuchentorte mit frischen Beeren 92
Rhabarber-Trifle mit Mascarponecreme 95
Warme Brötchen 100
Weißer Spargel mit knusprig gebratenem Schinken und Sauce mousseline 82

JUNI, JULI, AUGUST
3 herrliche Sommerdips 151
Artischocken mit Butter 122
Avocado-Eis am Stiel mit Schokoladenspitze 157

Bauernbrot mit Chorizo und Zwiebeln 144
Blaubeer-Crumble mit Crème fraîche 162
Buttermilch-Kaltschale mit Kammerjunkern 161
Chiapudding mit Geschmack von Buttermilch-Kaltschale 110
Côte de Bœuf mit gebratenem Knoblauch und Béarnaise-Butter 134
Currymandeln 149
Eis am Stiel mit Himbeerstreifen 157
Eiskaffee 154
Fajitas mit Rindfleisch 142
Friséesalat mit Speck und Käse 120
Frozen Strawberry Daiquiri 166
Gegrillte Paprikaschoten mit Thunfisch 124
Gegrillter Fenchel mit Ziegenkäse 126
Gegrillter Spitzkohl mit Zitronenschale und Räucherkäse 136
Gegrillter Zucchini-Salat mit Parmesan und Pinienkernen 136
Geröstete Haselnüsse 148
Heilbutt auf Minzebett 126
Ingwer-Zitronen-Konzentrat 165
In Tamari geröstete Sonnenblumenkerne 148
Kalte Gurken-Avocado-Suppe mit Garnelen 113
Kalte Zucchini-Lasagne mit Kräutercreme 119
Kammerjunker 161
Kürbiskerne mit geräuchertem Paprikapulver 149
Lachs-Kebab am Spieß mit Brokkoli-Taboulé 130
Mehlfreie Tortillas 143
Mojito 166
Paprikapesto 152
Pico de gallo 143
Piña Colada 166
Rote Grütze mit Sahne 159
Rucolasalat mit Grapefruit, Pistazien und Fetakäse 139
Salatkerne und -nüsse 145
Sangria 165
Selbst gemachtes Joghurt 108
Selbst gemachtes Karamelleis am Stiel 154
Sommerdrinks auf der Terrasse 165
Spinatsalat mit Erdbeeren und Avocado 139
Tarte mit Lachs und Spargel 115
Tequila-Limetten-Hähnchen mit Avocado-Salsa 133
Zucchini-Spaghetti mit Auberginenchips und marinierten roten Zwiebeln 116

SEPTEMBER, OKTOBER, NOVEMBER
Apfelcookies 220
Apfeltarte 209
Avocado-Pesto 198
Bananen-Eis am Stiel mit Schokolade 220
Bräterbrot mit Oregano und Käse 189
Confierte Entenkeulen und gebackener Kürbis mit Chili und Fetakäse 203
Erdbeeren mit Schokolade und Kokos 220
Falsche Tartelettes mit Hähnchen und Spargel 181

Gebackener Butternusskürbis mit Ziegenkäse und Walnüssen 194
Geburtstagsbrötchen 214
Geschmorte Schweinebacken mit Rosenkohlsalat 192
Gesundes für den Kindergeburtstag 220
Hähnchen in Harissa mit gebackenem Gemüse 196
Hähnchentarte mit Pilzfüllung und Butter-Grünkohl 186
Harissa 198
Himbeermus 214
Himmlische Karottenmuffins 211
Kindergeburtstag 212
Körnerstücke mit Schokolade 176
Kürbissuppe nach Thai-Art mit Hähnchenfleisch 191
Lamm-Kebab mit spicy Auberginenscheiben und Sellerie-Slaw 206
Langzeitgegarte Pilze 185
Lebkuchen-Popcakes 218
Haselnusscreme 178
Moussaka mit in Butter geschwenktem Lauch und Spinat 201
Omelett mit Rahmpilzen 174
Pilzpäckchen mit Briekäse und Pinienkernen 182
Pilzterrine 184
Popcakes – zwei Versionen 218
Schokoladenkuchen mit Zucchini und Kokosglasur 223
Schokoladentrüffel-Popcakes 218
Selbst gemachte Schokoladentäfelchen 178
Sellerie-Slaw 207
Spicy Auberginenscheiben 207
Waffeln mit Schokostückchen 216
Weintraubenspieße 220
Zuckerfreier Erdbeersaft 214

DEZEMBER
Artischockenherzen im Speckmantel 254
Dressing mit Apfelcidre-Essig 250
Eiskonfekt 242
Falscher Milchreis mit Kokoszucker und Zimt 232
Gebrannte Mandeln 244
Im Ofen gebackenes Wurzelgemüse 248
In Balsamico marinierte Kalbskeule mit Rotweinsauce und Bohnensalat 259
Knackiger Kohlsalat mit Walnüssen 250
Krapfen mit Äpfeln 234
Lachstatar mit Avocado 257
Lauwarmer Rotkohlsalat mit Biss 248
Lebkuchen oder Plätzchen mit Glasur 231
Mokkatorte 260
Ofengebackenes Wurzelgemüse 248
Pfeffernüsse 230
Rotkohlsalat mit Fenchel und Mohn 249
Schokoladige Kokoskugeln 241
Schweinebraten mit knuspriger Schwarte und brauner Sauce 246
Weihnachtskonfekt 238
Weihnachtsschokolade 242
Zucchini-Happen mit scharfer Fetafüllung 254
Zuckerfreier Glögg mit Zimtsahne 236

Die Backofentemperaturen bei den Rezepten beziehen sich, wenn nicht anders angegeben, auf Ober- und Unterhitze.

Produktmanagement: Franziska Sorgenfrei
Übersetzung aus dem Dänischen: Vera Bahlk
Textredaktion: Monika Judä
Korrektur: Asta Machat
Satz: imprint, Zusmarshausen
Umschlaggestaltung: Eva M. Salzgeber

Text und Rezepte: Jane Faerber

Gesamtherstellung Verlagshaus GeraNova Bruckmann GmbH

★ ★ ★ ★ ★

Sind Sie mit diesem Titel zufrieden? Dann würden wir uns über Ihre Weiterempfehlung freuen. Erzählen Sie es im Freundeskreis, berichten Sie Ihrem Buchhändler oder bewerten Sie bei Onlinekauf. Und wenn Sie Kritik, Korrekturen, Aktualisierungen haben, freuen wir uns über Ihre Nachricht an:
Christian Verlag, Postfach 40 02 09, D-80702 München oder
per E-Mail an lektorat@verlagshaus.de.

Unser komplettes Programm finden Sie unter www.christian-verlag.de

Alle Angaben dieses Werkes wurden von der Autorin sorgfältig recherchiert und auf den neuesten Stand gebracht sowie vom Verlag geprüft. Für die Richtigkeit der Angaben kann jedoch keine Haftung übernommen werden.

Die Deutsche Nationalbibliothek verzeichnet diese Publikation in der Deutschen Nationalbibliografie; detaillierte bibliografische Daten sind im Internet über http://dnb.d-nb.de abrufbar.

Copyright © 2016 für die deutschsprachige Ausgabe: Christian Verlag GmbH, München
2. Auflage 2016

Die Originalausgabe mit dem Titel LCHF — Året wurde erstmals © 2013 im Verlag JP/Politikens Forlagshus A/S, Dänemark veröffentlicht.

ISBN 978-3-86244-952-1

Alle deutschsprachigen Rechte vorbehalten.